中宣部2022年主题出版重点出版物

"十四五"国家重点图书出版规划项目

纪录小康工程

全面建成小康社会

重庆变迁志

CHONGQING BIANQIANZHI

本书编写组

重庆出版集团　重庆出版社

责任编辑：林　郁
封面设计：石笑梦　胡耀尹
版式设计：王欢欢　胡耀尹

图书在版编目（CIP）数据

全面建成小康社会重庆变迁志/本书编写组编著.—重庆：重庆出版社，2022.10

（"纪录小康工程"地方丛书）

ISBN 978-7-229-16915-2

Ⅰ.①全… Ⅱ.①本… Ⅲ.①小康建设—概况—重庆

Ⅳ.①F127.719

中国版本图书馆CIP数据核字（2022）第097946号

全面建成小康社会重庆变迁志
QUANMIAN JIANCHENG XIAOKANG SHEHUI CHONGQING BIANQIAN ZHI

本书编写组

重庆出版集团
重庆出版社　出版发行

（400061　重庆市南岸区南滨路162号1幢）

重庆恒昌印务有限公司印刷　新华书店经销

2022年10月第1版　2022年10月重庆第1次印刷
开本：710毫米×1000毫米 1/16　印张：13.25
字数：200千字
ISBN 978-7-229-16915-2　定价：46.50元

邮购地址 400061　重庆市南岸区南滨路162号1幢
重庆出版集团图书发行有限责任公司　电话（023）61520646

版权所有·侵权必究
凡购买本社图书，如有印制质量问题，我社负责调换。
服务电话：（023）61520646

总 序
为民族复兴修史　为伟大时代立传

　　小康，是中华民族孜孜以求的梦想和夙愿。千百年来，中国人民一直对小康怀有割舍不断的情愫，祖祖辈辈为过上幸福美好生活劳苦奋斗。"民亦劳止，汔可小康""久困于穷，冀以小康""安得广厦千万间，大庇天下寒士俱欢颜"……都寄托着中国人民对小康社会的恒久期盼。然而，这些朴素而美好的愿望在历史上却从来没有变成现实。中国共产党自成立那天起，就把为中国人民谋幸福、为中华民族谋复兴作为初心使命，团结带领亿万中国人民拼搏奋斗，为过上幸福生活胼手胝足、砥砺前行。夺取新民主主义革命伟大胜利，完成社会主义革命和推进社会主义建设，进行改革开放和社会主义现代化建设，开创中国特色社会主义新时代，经过百年不懈奋斗，无数中国人摆脱贫困，过上衣食无忧的好日子。

　　特别是党的十八大以来，以习近平同志为核心的党中央统揽中华民族伟大复兴战略全局和世界百年未有之大变局，团结带领全党全国各族人民统筹推进"五位一体"总体布局、协调推进"四个全面"战略布局，万众一心战贫困、促改革、抗疫情、谋发展，党和国家事业取得历史性成就、发生历史性变革。在庆祝中国共产党成立100周年大会上，习近平总书记庄严宣告："经过全党全国各族人民持续奋斗，我们实现了第一个百年奋斗目标，在中华大地上全面建成了小康社会，历史性地解决了绝对贫困问题，正在意气风发向着全面建成社会主义现代化强国的第二个百年奋斗目标迈进。"

这是中华民族、中国人民、中国共产党的伟大光荣！这是百姓的福祉、国家的进步、民族的骄傲！

全面小康，让梦想的阳光照进现实、照亮生活。从推翻"三座大山"到"人民当家作主"，从"小康之家"到"小康社会"，从"总体小康"到"全面小康"，从"全面建设"到"全面建成"，中国人民牢牢把命运掌握在自己手上，人民群众的生活越来越红火。"人民对美好生活的向往，就是我们的奋斗目标。"在习近平总书记坚强领导、亲自指挥下，我国脱贫攻坚取得重大历史性成就，现行标准下9899万农村贫困人口全部脱贫，建成世界上规模最大的社会保障体系，居民人均预期寿命提高到78.2岁，人民精神文化生活极大丰富，生态环境得到明显改善，公平正义的阳光普照大地。今天的中国人民，生活殷实、安居乐业，获得感、幸福感、安全感显著增强，道路自信、理论自信、制度自信、文化自信更加坚定，对创造更加美好的生活充满信心。

全面小康，让社会主义中国焕发出蓬勃生机活力。经过长期努力特别是党的十八大以来伟大实践，我国经济实力、科技实力、国防实力、综合国力跃上新的大台阶，成为世界第二大经济体、第一大工业国、第一大货物贸易国、第一大外汇储备国，国内生产总值从1952年的679亿元跃升至2021年的114万亿元，人均国内生产总值从1952年的几十美元跃升至2021年的超过1.2万美元。把握新发展阶段、贯彻新发展理念、构建新发展格局、推动高质量发展，全面建设社会主义现代化国家，我们的物质基础、制度基础更加坚实、更加牢靠。全面建成小康社会的伟大成就充分说明，在中华大地上生气勃勃的创造性的社会主义实践造福了人民、改变了中国、影响了时代，世界范围内社会主义和资本主义两种社会制度的历史演进及其较量发生了有利于社会主义的重大转变，社会主义制度优势得到极大彰显，中国特色社会主义道路越走越宽广。

全面小康，让中华民族自信自强屹立于世界民族之林。中华民族有五千多年的文明历史，创造了灿烂的中华文明，为人类文明进步作出了卓越贡献。近代以来，中华民族遭受的苦难之重、付出的牺牲之大，世所罕见。中国共产党带领中国人民从沉沦中觉醒、从灾难中奋起，前赴后继、百折不挠，战胜各种艰难险阻，取得一个个伟大胜利，创造一个个发展奇迹，用鲜血和汗水书写了中华民族几千年历史上最恢宏的史诗。全面建成小康社会，见证了中华民族强大的创造力、坚韧力、爆发力，见证了中华民族自信自强、守正创新精神气质的锻造与激扬，实现中华民族伟大复兴有了更为主动的精神力量，进入不可逆转的历史进程。今天，我们比历史上任何时期都更接近、更有信心和能力实现中华民族伟大复兴的目标，中国人民的志气、骨气、底气极大增强，奋进新征程、建功新时代有着前所未有的历史主动精神、历史创造精神。

全面小康，在人类社会发展史上写就了不可磨灭的光辉篇章。中华民族素有和合共生、兼济天下的价值追求，中国共产党立志于为人类谋进步、为世界谋大同。中国的发展，使世界五分之一的人口整体摆脱贫困，提前十年实现联合国2030年可持续发展议程确定的目标，谱写了彪炳世界发展史的减贫奇迹，创造了中国式现代化道路与人类文明新形态。这份光荣的胜利，属于中国，也属于世界。事实雄辩地证明，人类通往美好生活的道路不止一条，各国实现现代化的道路不止一条。全面建成小康社会的中国，始终站在历史正确的一边，站在人类进步的一边，国际影响力、感召力、塑造力显著提升，负责任大国形象充分彰显，以更加开放包容的姿态拥抱世界，必将为推动构建人类命运共同体、弘扬全人类共同价值、建设更加美好的世界作出新的更大贡献。

回望全面建成小康社会的历史，伟大历程何其艰苦卓绝，伟大胜利何其光辉炳耀，伟大精神何其气壮山河！

这是中华民族发展史上矗立起的又一座历史丰碑、精神丰碑！这座丰碑，凝结着中国共产党人矢志不渝的坚持坚守、博大深沉的情怀胸襟，辉映着科学理论的思想穿透力、时代引领力、实践推动力，镌刻着中国人民的奋发奋斗、牺牲奉献，彰显着中国特色社会主义制度的强大生命力、显著优越性。

因为感动，所以纪录；因为壮丽，所以丰厚。恢宏的历史伟业，必将留下深沉的历史印记，竖起闪耀的历史地标。

中央宣传部牵头，中央有关部门和宣传文化单位，省、市、县各级宣传部门共同参与组织实施"纪录小康工程"，以为民族复兴修史、为伟大时代立传为宗旨，以"存史资政、教化育人"为目的，形成了数据库、大事记、系列丛书和主题纪录片4方面主要成果。目前已建成内容全面、分类有序的4级数据库，编纂完成各级各类全面小康、脱贫攻坚大事记，出版"纪录小康工程"丛书，摄制完成纪录片《纪录小康》。

"纪录小康工程"丛书包括中央系列和地方系列。中央系列分为"擘画领航""经天纬地""航海梯山""踔厉奋发""彪炳史册"5个主题，由中央有关部门精选内容组织编撰；地方系列分为"全景录""大事记""变迁志""奋斗者""影像记"5个板块，由各省（区、市）和新疆生产建设兵团结合各地实际情况推出主题图书。丛书忠实纪录习近平总书记的小康情怀、扶贫足迹，反映党中央关于全面建成小康社会重大决策、重大部署的历史过程，展现通过不懈奋斗取得全面建成小康社会伟大胜利的光辉历程，讲述在决战脱贫攻坚、决胜全面小康进程中涌现的先进个人、先进集体和典型事迹，揭示辉煌成就和历史巨变背后的制度优势和经验启示。这是对全面建成小康社会伟大成就的历史巡礼，是对中国共产党和中国人民奋斗精神的深情礼赞。

历史昭示未来，明天更加美好。全面建成小康社会，带给中国人民的是温暖、是力量、是坚定、是信心。让我们时时回望小康历程，深入学习贯彻习近平新时代中国特色社会主义思想，深刻理解中国共产党为什么能、马克思主义为什么行、中国特色社会主义为什么好，深刻把握"两个确立"的决定性意义，增强"四个意识"、坚定"四个自信"、做到"两个维护"，以坚如磐石的定力、敢打必胜的信念，集中精力办好自己的事情，向着实现第二个百年奋斗目标、创造中国人民更加幸福美好生活勇毅前行。

目　录

一、全面小康是奋斗出来的 ·· 1
(一) 奋进的年代：1949—1978 ································ 2
(二) 从小康之家到全面小康：1978—2011 ················ 4
(三) 从全面建设小康到全面建成小康：2011—2021 ······ 13

二、人民生活方式的改变 ·· 39
(一) 食品安全有保障 ·· 39
(二) 清洁饮水好安逸 ·· 47
(三) 义务教育全覆盖 ·· 55
(四) 安居宜居终实现 ·· 76
(五) 交通出行更便捷 ·· 82

三、筑起守护生命健康的堡垒 ······································ 92
(一) 守望相助全方位筑牢防疫线 ································ 92
(二) 从简单清扫卫生到共享健康新生活 ···················· 105
(三) 从看病难到看病易 ·· 116

四、推动高质量发展、创造高品质生活 ……………………127
（一）经济水平稳步提升 ………………………………128
（二）文化生活丰富多彩 ………………………………136
（三）社会保障惠及全民 ………………………………150
（四）山清水秀美丽之地 ………………………………159

五、加强民主法治、创新社会治理 ……………………167
（一）全过程人民民主 …………………………………168
（二）法治护航行稳致远 ………………………………175
（三）社会治理纵深推进 ………………………………186

参考文献 …………………………………………………196

后　记 ……………………………………………………201

一、全面小康是奋斗出来的

小康是中华民族的千年梦想和夙愿。早在两千多年前,《诗经》就有"民亦劳止,汔可小康;惠此中国,以绥四方"的诗句。"小康"蕴含了几千年来中国人对宽裕和殷实生活的美好向往。人民幸福生活是最大的人权。中国共产党从诞生那一天起,就把为中国人民谋幸福、为中华民族谋复兴确立为自己的初心使命。新中国成立以后,站起来的中国人民满怀着对新生活的殷切期待,从未停止过对幸福生活的奋斗与追求。改革开放以来,中国社会发生了翻天覆地的重大变化。小康社会从提出到成为国家发展战略,再到全面建设小康社会和全面建成小康社会的分阶段奋斗,迎来了中华民族从站起来到富起来到强起来的伟大飞跃。在这个伟大的历史进程中,重庆始终牢记嘱托,持续奋斗,不辱使命,与全国人民一道,全面建成小康社会。现在,重庆人民继续沿着习近平总书记指引的方向,坚定前行,推动高质量发展,创造高品质生活,奋力书写全面建设社会主义现代化新篇章。

（一）奋进的年代：1949—1978

1949年10月1日，当新中国第一面五星红旗在北京天安门广场冉冉升起，人民对美好幸福生活的憧憬和期待，一起升上了新中国的天空。

新中国的奋进之路坚定而又明晰。一个没有现代工业的国家，很难称得上是一个现代国家，也难以支撑起人民对于"美好幸福生活"的长久渴望。1953年出现了我们今天熟悉的名词——"第一个五年计划"。中央宣布了向社会主义过渡的总路线和总任务，叫做"一化三改造"。铁路、煤炭、炼油、机械、飞机、汽车、发电等各个行业的基础设施建设奠定了新中国工业基础。

1.新中国的第一条铁路

这条铁路，从清末到民国，西南人民盼望了近半个世纪，仍没看到一寸铁轨落地。新中国刚刚成立，共产党带领勤劳的巴渝人民只用了短短两年时间，就完成了成渝铁路的修建。可以说，这是新中国建设史上的一个奇迹。这让巴渝人民第一次真正尝到了为自己而奋斗的味道。

修铁路、通火车是巴渝人民实现幸福的第一个梦想。1950年6月，成渝铁路动工，群情振奋。由于铺路需要枕木，全川人民掀起捐献枕木的热潮，铁路沿线人民捐献香樟、楠木等名贵木材，不少农民将木材捐献到工地，有的老人甚至将自己的寿材锯成枕木送到工地。

1952年7月1日，成渝铁路全线通车。沿线人民个个兴高采烈，他们在送给筑路工人的锦旗上写着："人民政府把我们的幸福的道路修通了！"

2.重庆的第一座长江大桥

自成渝铁路全线通车后，邓小平同志提出应当修一座大桥连接成渝铁路和川黔铁路，让四川至重庆这段长江"天堑"变通途。由于长江"天堑"的阻隔，火车只能到江边，使得转运物资极为困难，制约了西南地区的发展。

1958年9月白沙沱长江铁路大桥开工，1960年12月建成通车。第一列火车从小南海火车站驶入环山道进入新大桥，向綦江赶水方向奔驰。这座桥北接成渝铁路，南通川黔铁路，不仅是重庆第一座长江大桥，也是全国继武汉长江大桥后的第二座长江大桥。它的出现，结束了重庆仅靠汽车、船转运货物的历史，促进了重庆经济社会的又一次大发展。

3.重庆发电厂

重庆发电厂是全国"一五"计划重点工程建设项目。重庆解放时，仅有3座公用发电厂和11家自备发电容量的工厂。重庆解放后，全市电力仍然极度紧缺，日最高负荷仅为21800千瓦时。社会上一度有"电摇机器不如手，油灯反比电灯明"的说法。1954年重庆发电厂建成之初，为重庆市提供了60%的电力，共发电7653万千瓦时。1955年，重庆发电厂的发电量跃升至1.9729亿千瓦时。重庆发电厂是重庆的能源心脏，彻底改变新中国成立之初重庆"油灯反比电灯明"的困境，点亮了重庆的经济，更点亮了重庆人民追求幸福、奋斗不止的决心。今天，重庆发电厂的两座烟囱作为全重庆保存最完好、最具特色的工业遗迹之一，将以艺术载体的身份延续与重庆的故事。

重庆发电厂（张锦辉 摄）

（二）从小康之家到全面小康：1978—2011

在1978年党的十一届三中全会之后，改革开放总设计师邓小平同志提出了小康社会的构想。他首先用"小康"来诠释中国式现代化，提出小康之家，明确到20世纪末在中国建立一个小康社会的奋斗目标，并指出"所谓小康，从国民生产总值来说，就是年人均达到800美元"。从小康之家到小康社会，"小康"这一饱含中华文化深厚底蕴、富有鲜明中国特色、千百年来深深埋藏在中国人民心中的美好愿景，由此成为中国现代化进程的醒目路标。

1.小康之家到小康社会

自1978年党的十一届三中全会拉开了改革开放的序幕后，农

一、全面小康是奋斗出来的

村改革深入发展，改革的重点逐渐由农村向城市转移。1983年，中央批准重庆为全国首个经济体制综合改革试点的大城市，并全面实行国家计划单列，给重庆带来了历史性的发展机遇。

所谓"计划单列"，实际上是赋予重庆省一级的经济管理权限，从此打破了条块分割对重庆经济发展的制约和限制，扩大了重庆管理经济社会的自主权，突出了经济中心城市的地位和作用。重庆计划单列后，江北机场等一大批重大项目相继落地。1984年，投资预算2.6亿元的江北机场立项建设。1990年，江北机场正式通航，1992年全年旅客吞吐量突破了100万人次。1995年，江北机场被正式批准为对外籍飞机开放的口岸，对重庆的经济发展和对外

重庆直辖市成立大会（视觉重庆 供图）

建设中的石桥铺立交（白太平 摄）

开放发挥了重要作用。随着改革的不断深入，城市的交通网络也在立体式扩张。重庆石板坡长江大桥通车，重庆的主城跨出了渝中半岛向南延伸。在重庆的公共交通中，有了便宜舒适、招手即停的中巴车"康福来"。成渝高速公路的通车、江北机场的建成，进一步满足了群众的出行需求。

重庆的改革试点为全国提供了一批新的探索成果。在宏观经济管理体制方面，对计划、价格、财政、投资、流通、税收等体制进行了改革。1978年，重庆钢铁公司作为四川省6个扩权试点企业之一，揭开了重庆国有企业改革的序幕。国企改革从放权让利开始，逐步推行了诸如资产经营责任制、承包责任制等多种形式的经济责任制改革试点，大大增强了企业活力和竞争力。与此同时，重庆率先在全国实行军工体制改革，在抓军民结合和开发民品生产方面给全国起到了示范作用。改革试点期间，重庆的国民经济稳定增长，地区国民生产总值由1982年的67.2亿元增加到1987年的135.1亿元，年均增长14.1%，高于全国同期水平。

同时，人民群众的物质文化生活丰富多彩，消费需求呈现多样化态势。城市的生活真正开始丰富起来，物质不再短缺；服饰从简单的蓝灰色变得绚丽多彩；寻常百姓家里出现了冰箱、彩电、洗衣机、音响等稀罕物件；人们有了选择职业的机会，个体工商户开始出现，一部分人先富起来，成为令人羡慕的万元户；城市居民的居住条件越来越好，从单位租赁的福利房到商品房，开始有了属于自己的私人住房；许多人第一次有了股票，成为股东，并迅速致富。农村的生活被赋予了新的活力，以家庭联产承包责任制为核心的农村改革大力推进，粮食的产量和品种大幅增加，各种农副产品涌向市场。另外，音乐茶座以及营业性舞蹈、美术培训班等相继出现，满足了人们的文化消费需求。1992年后，建设"特色文化之乡"成为重庆群众文化的重要内容，一批具有鲜明个性特征的文化之乡相继建成，如綦江"农民版画之乡"、巴县"民间文学之乡"、白市驿"川剧之乡"、铜梁"龙灯之乡"等。

1992年，党的十四大确立了建立社会主义市场经济体制的改革目标。1994年，时任中共中央总书记的江泽民同志为重庆题词"努力把重庆建设成为长江上游的经济中心"。重庆的改革开放进入新阶段，在转换企业经营机制、深化农村改革、培育市场体系、建立和完善统一的社会保障管理体制、转变政府职能等方面取得了突破性进展，初步建立起社会主义市场经济体制。这一时期国务院批准重庆为沿江开放城市，享受沿海开放城市政策，把重庆的对外开放推到了新的起点。重庆经济社会各项事业蓬勃发展。

2. 从经济发展到民生改善

当中国跨入新世纪门槛，人们开始回顾走过的历史和对未来的憧憬。2000年，中国的国有大中型企业改革和三年脱困的目标基本实现，国家的GDP突破了1万亿美元大关，位列世界第六。老百姓的生活总体上达到小康，人们不再停留在衣食温饱的满足，而是在衣、食、住、行上有了新的追求、新的风采和新的梦想。后来有人总结说，那是"诗和远方"。这也成为了新一代中国人的"幸福标签"。经过长期不懈努力，20世纪末，人民生活总体上达到小康水平的目标如期实现。2002年，党的十六大针对当时小康低水平、不全面和发展很不平衡的实际，提出全面建设小康社会目标，即在21世纪头20年，集中力量，全面建设惠及十几亿人口的更高水平的小康社会，使经济更加发展、民主更加健全、科教更加进步、文化更加繁荣、社会更加和谐、人民生活更加殷实，小康社会建设由总体小康向全面小康迈进。重庆始终把解决好人民群众最关心、最直接、最现实的利益问题作为重中之重，持续加大民生投入，保基本、兜底线、建机制，让更多人民群众分享改革发展成果，人民获得感、幸福感、安全感不断增强。

21世纪的前十年，有一个关键词围绕着人们的生活，那就是"民生"二字。中国人对于幸福的关切，对于小康生活的向往，都逐步聚焦到了学有所教、劳有所得、病有所医、老有所养、住有所居的民生工程上来了。从全部免除义务教育阶段的学杂费，到全国建立农村最低生活保障制度；从《中华人民共和国物权法》的审议通过，到"博物馆热""考古热"等公益性文化事业的蓬勃发展……民生大事就是老百姓眼中实实在在的幸福，但要实现这些民生大事，件件都不容易。

这十年，重庆更加注重改善民生，出台各项民生政策措施，大幅提高了人民的生活质量。首先，经济发展规模实现重大跨越。2002年，改革开放进入到完善社会主义市场经济体制的新阶段，重庆坚持以富民兴渝、加快建设长江上游经济中心、全面建设小康社会为主线，综合经济实力大幅提升。从2002年至2012年，重庆GDP由2232.86亿元增至11409.60亿元，年均增长13.7%，人均GDP由7912元增至38914元，年均增长13.4%。在2011年，重庆人均GDP赶上全国平均水平，为在西部率先实现全面小康奠定了决定性基础。

重庆的城乡居民收入快速增长。改革开放以来，重庆城镇居民收入从1979年的355元增加至2008年的13321元，农村居民收入从1978年的126元增加至2008年的4193元，分别增长了12966元和4067元。2011年，全市城镇和农村居民人均可支配收入分别达到17532元和5200元，年均分别增长11.3%、13.1%。

重庆市民的住房条件持续改善。随着居民收入的大幅提升，全市人民的居住条件日益改善，居住面积不断扩大。全市城镇人均住房建筑面积由改革开放之初的不足5平方米，到1985年达6.6平方米，再到2020年达39.66平方米，已能基本满足整个家庭的各种需求。重庆房地产业质量大大提升，由旧城改造提升到城郊新区开发，由单体楼建设转向小区规模化开发，由一般普通住宅建设转向以生态住房、江景住房等为代表的高品质住宅建设，环境优美、居住舒适。重庆人民的居住幸福感明显增强。

改革开放以来，全市探索建立了以基本养老保险、失业保险、基本医疗保险、工伤保险、生育保险为主要内容的社会保险制度，

全面建成小康社会重庆变迁志

社会保险体系框架基本形成，参保人数持续增加。2011年，全市城镇职工基本养老保险、城镇职工基本医疗保险、工伤保险、生育保险和失业保险参保人数分别达到633.22万人、458.48万人、337.09万人、216.64万人和268.61万人，与2009年相比分别增长了21.7%、26.5%、46.5%、39.7%、24.4%。

重庆是大城市，也是大农村，还有相当一部分人在贫困线上徘徊。因此，扶贫工作对于重庆而言，意义不同寻常。改革开放以来，重庆建立完善统筹城乡扶贫开发长效机制。党的十一届三中全会后，重庆普遍推行农民家庭联产承包制，解决了农村中大多数人的温饱问题。1986年后，重庆大力推行开发式扶贫，直到1993年底340万贫困人口基本解决温饱问题。2005年，全市18个重点贫困区县的农民人均纯收入达到2160元，年均增长9.1%。绝对贫困人口和相对贫困人口分别减少到55万人、151万人。2012年，716个贫困村实现整村脱贫，110万农村人口摆脱贫困，改造12.5万户农村危旧房，新建6.02万户巴渝新居，贫困地区社会事业又有了较大发展。

在走向全面小康的道路上，公共服务必不可少。随着人们对民生事业不断提升的期望，重庆的公共社会服务水平不断提高，投入也逐年增加。通过建设好"大社会"的方式，来实现重庆人民的幸福生活已经成为了一种标准衡量尺度。

以学有所教为例，重庆教育的办学条件不断优化，各级教育均衡发展，公民的受教育权得到有效保障。2012年，"普九""两基"目标全面实现，义务教育、高中阶段教育及高等教育均实现跨越式发展。学前教育三年行动计划全面实施，学龄儿童入学率达99.96%。城乡义务教育逐步趋向均衡，义务教育阶段学校标准化率达70%，普通初中入学率达99.2%。在西部地区率先普及高中阶段教育。普通高校发展到67所，高等教育毛入学率达34%。随着人口文化程度的显著提升，全市人均受教育年限逐年提高，由1997年的6.67年增长至2007年的8.45年，增长了1.78年。2010年全面建成学生资助体系，2012年资助各级各类学生400多万人。

作为全国唯一以"山城"为名片的大都市，这座城市的面貌在这短短十年里发生了日新月异的变化。一是重庆已经发展成为有"中国桥都"之称的城市。改革开放之初，渝中半岛仅各靠一座桥与南北的交通联系。随着建筑企业施工技术提高，一座座桥梁飞架两江，城市开始跨越嘉陵江向北、跨越长江往南扩充。2005年，茅以升桥梁委员会认定重庆为中国唯一的"桥都"。重庆桥梁从少到多，跨江越谷，是名副其实的"桥都"。二是重庆"立体山城"面貌逐渐显现。改革开放以来，重庆城市交通建设突破了大山大水的阻隔，建成了纵横交错的立体交通网络。高速公路建设实现了从无到有的跨越式发展，也实现了从"线"到"网"的激情蜕变。重庆成为全国第一个境内国家高速公路网全部建成的省市，高速公路密度达到每100平方公里内就有2.4公里。铁路建设成果显著，2011年成渝客运专线等11条铁路同时在建，火车北站、西站改扩建工程和兴隆场编组站建设全面启动，掀起了重庆历史上规模最大的铁路建设高潮。机场航空枢纽建设如火如荼，自1990年重庆建成江北国际机场后，2012年重庆江北国际机场旅客吞吐量达到2205.7万人次。轨道交通建设速度越来越快，从2005年中国西部地区第一条城市轨道交通线路——轨道交通2号线在重庆全线贯通后，又先后开通了1号线、3号线等，为市民提供更加便捷的交通服务。

全面建成小康社会重庆变迁志

　　作为一个千万人口的超大城市，城乡医疗卫生水准是衡量幸福生活的一项兜底指标。改革开放以来，重庆以提高居民健康水平、促进人口均衡发展为目标，进一步健全医疗服务体系，提高了人民

菜园坝长江大桥（2005—2008年）（宋明琨 摄）

群众的健康水平。重庆卫生医疗机构（含村卫生室）从1978年的4789个增加到2012年的17958个，医疗卫生机构床位数从1978年的48948张增加到2012年的13.59万张。2012年，基层医疗机构标准化率达到90%，基本药物制度覆盖到所有村镇和社区，食品安全事故和传染病疫情得到较好控制。随着医疗保障水平的提高，居民健康水平得到显著提高。2010年，重庆人均预期寿命已达75.7岁，比1996年提高了5.3岁。2000年至2012年，孕产妇死亡率、婴儿死亡率、5岁以下儿童死亡率也明显下降，总体优于全国平均水平。

（三）从全面建设小康到全面建成小康：2011—2021

2012年，党的十八大的召开是建设小康社会的一个关键节点。党的十八大对全面建设小康社会进行补充和完善，首次将全面建设小康社会调整为全面建成小康社会，并正式提出至2020年全面建成小康社会的奋斗目标。

2017年，党的十九大召开标志着中国进入全面建成小康社会决胜阶段。

为解决困扰中华民族几千年的绝对贫困问题，中国打响人类历史上规模最大、力度最强的脱贫攻坚战，这是党和国家为增进人民福祉、提高全体人民人权保障水平、实现国家现代化而实施的一项重大国家发展战略。

1. 脱贫攻坚成效显著

农村贫困人口如期脱贫、贫困县全部摘帽，解决区域性整体贫困，是全面建成小康社会的底线任务。2016年初，习近平总书记来到重庆考察指出，扶贫开发成败系于精准，要找准"穷根"、明确靶向，量身定做、对症下药，真正扶到点上、扶到根上。2019年4月，习近平总书记再次来到重庆，深入农户家中和田间地头，实地了解脱贫攻坚工作进展和解决"两不愁三保障"突出问题情况。

重庆是全国脱贫攻坚的重要战场，武陵山区、秦巴山区集中连片特困地区覆盖重庆12个区县，区域性贫困与"插花"式贫困并存。全市上下时刻牢记习近平总书记殷殷嘱托，全面落实党中央决策部署，交出了一份脱贫攻坚的硬核答卷。

2017年7月以来，重庆研究制定易地扶贫搬迁一系列政策文件，推动完成25.2万贫困人口易地扶贫搬迁任务。2018年9月，重庆市委、市政府印发《关于打赢打好脱贫攻坚战三年行动的实施意见》，全面部署推进脱贫攻坚战三年行动。2019年，重庆脱贫攻坚战取得明显成效，"两不愁三保障"突出问题动态清零，城口、巫溪、酉阳、彭水4个县整体摘帽，11.4万贫困人口脱贫，全市贫困发生率降至0.12%。2021年，重庆实现脱贫攻坚目标，18个贫困区县全部脱贫摘帽，1919个贫困村全部脱贫出列，动态识别的190.6万建档立卡贫困人口全部脱贫，全部实现"两不愁三保障"，与全国人民一道告别了绝对贫困。

全面建成小康社会，最艰巨、最繁重的任务在农村，特别是在贫困地区。没有农村的小康，特别是没有贫困地区的小康，就没有全面建成小康社会。重庆市从14个国家扶贫开发工作重点区县中精准识别出18个深度贫困乡镇，使其成为全市脱贫攻坚纵深推进的主战场，集中优势力量打歼灭战。持续多年的脱贫攻坚战，让贫困区县、贫困村的整体面貌发生历史性巨变，脱贫群众出行难、饮水难、用电难、上学难、看病难、通信难等问题普遍解决。农村通上了公路，99.7%的贫困户喝上了自来水，房子新了，环境美了，保障有了，产业有了，收入增加了。

重庆在脱贫攻坚战中始终坚定人民立场，一切为了人民，一切依靠人民，胜利的成果也惠及广大人民。重庆把人民群众中蕴藏着的智慧和力量充分激发出来，把"两不愁三保障"等人民群众最关心、最直接、最现实的利益问题千方百计解决好，绝不让一个贫困户掉队，不仅极大改善了农村生产生活条件，也大幅提高了贫困群众收入水平。全市行政村通畅率由2015年的87%提高至2020年的100%；农村脱贫人口供水入户比例达99.7%；完成脱贫人口易地扶贫搬迁25.2万人，改造农村危房31.17万户；建成村卫生室9914个；农村5230所义务教育学校（含教学点）办学条件达到基本要求；所有脱贫村通宽带、4G信号全覆盖，农村电网供电可靠率达99.8%；14个原国家扶贫开发工作重点区县农村常住居民人均可支配收入由2015年的9120元增加到2020年的15019元，原建档立卡贫困人口人均纯收入由2015年的5012元增加到2020年的12303元。脱贫地区发展驶入"快车道"。"十三五"时期，14个原国家扶贫开发工作重点区县、4个原市级扶贫开发工作重点区县GDP年均增速7.6%，比全市平均增速高0.4个百分点。

重庆在稳定实现贫困人口"两不愁三保障"的同时，还注重提高义务教育、基本医疗、住房安全、农村饮水安全等方面的脱贫质

綦江区石角镇千秋村贫困户肖礼树，在政府和驻村扶贫干部的帮助下，盖起了新房子。肖礼树手拿"铭记党恩"的对联喜笑颜开（杨奇 摄）

量。重庆市先后出台一系列教育扶贫政策，对城乡低保和特困学生免收高中教材费，为非寄宿贫困生免费提供午餐，健全困难学生资助兜底保障机制，不断改善贫困地区教育条件。重庆紧紧围绕"基本医疗有保障"目标任务，助力因病致贫、因病返贫家庭走出困境。2021年，贫困人口县域内就诊率达97.56%，住院自付费用在10%以内，门诊自付费用在20%以内，让其得了大病、重病基本生活不受影响。重庆把解决贫困人口饮水安全作为保基础惠民生的重要任务，基本建成以规模化供水工程为主、小型集中供水工程为辅、分散供水工程为补充的农村供水保障体系。截至2020年底，全市已有农村供水工程32.7万处，其中百人以上的集中供水工程2.14万处、分散供水工程30.57万处，供水人口达2304万人，全市农村饮水正从有水喝、喝安全水向喝好水转变。此外，重庆实施易地扶贫搬迁、农村危房改造工程，不仅温暖了困难群众的心，也点亮了他们的新生活。据统计，"十三五"以来，重庆农村危房改造已惠及群众上百万人，其中贫困群众35.5万人。除了危房改造外，易地扶贫搬迁也让许多困难群众实现了安居、乐居。市发改委的数据显示，截至2020年12月底，全市已全面完成6.48万户、25.2万人建卡贫困人口搬迁任务，搬迁群众全部实现入住。

各种扶贫政策让重庆贫困地区面貌日新月异，基础设施建设突飞猛进。过去的渝东南地区处于崇山峻岭之中，交通不便、信息不畅、经济欠发达，大多数山区群众代代受穷。随着脱贫攻坚深入推进，当地基础设施明显完善，城乡面貌日新月异，百姓生活蒸蒸日上。2020年1月11日15点57分，首趟长沙至黔江动车D3895次列车抵达黔江站，标志着黔江正式进入高铁时代。黔张常铁路的开通，极大地改善了黔江及武陵山地区交通出行条件，对加快当地旅游、经济社会发展，推进脱贫攻坚、乡村振兴都将产生积极作用。

当然，这些脱贫成就离不开扶贫干部"流血流汗不留遗憾，任劳任怨绝不认输"的倾力奉献，他们成为脱贫攻坚的"尖刀班""爆破手"，打通了精准扶贫的"最后一公里"。截至2021年，重庆累计选派5800个驻村驻乡工作队、5.71万名驻村工作队员和第一书记，20余万名结对帮扶干部扎根一线。

脱贫攻坚战的全面胜利，让重庆成功翻过了全面建成小康社会的最后一座高山，让区域性整体贫困得到了有效解决，让脱贫地区发生了翻天覆地的变化。山乡巨变、山河锦绣的时代画卷徐徐展开。

2.社会事业全面提升

教育是国之大计、党之大计。中国共产党历来重视发展教育，

全面建成小康社会重庆变迁志

注重发挥教育在全面建成小康社会中的重要作用。党的十八大以来，重庆开启了加快推进教育现代化、建设教育强市、办好人民满意教育的历史新征程，教育事业发展取得长足进步，为重庆全面建成小康社会作出了重要贡献。2020年，重庆教育普及水平显著提高，学前三年教育毛入园率达90.3%、九年义务教育巩固率达95.5%、高中阶段教育毛入学率达98.5%、高等教育毛入学率达53.3%。已有14个农村义务教育学生营养改善计划国家试点和市级试点区县，共覆盖2286所学校，835064个学生受益。这些孩子在学校有了牛奶和营养餐，让成长的身体强起来、脸上的笑容多起来。为了实现更高质量和更充分就业，重庆把职业教育作为教育事业发展的重点方向，使其总体发展水平居全国中上、西部前列。重庆在全国率先建立覆盖中高职、公民办的生均经费拨款制度，高职生均经费拨款超出国家标准水平，达到1.44万元。统计数据显示，重庆市中职学校170所，建成国家示范校30所，中职在校生达到44万余人。专科高职院校44所，在校生人数达到42万余人。10所高职院校入选国家"双高计划"建设单位，数量位居全国第六。

党的十八大以来，重庆的体育事业也得到了高质量发展。体育在提高人民身体素质和健康水平，促进人的全面发展，丰富人民精神文化生活，激励人民弘扬追求卓越、突破自我的精神等方面都有着十分重要的作用。以习近平同志为核心的党中央高度重视体育工作，深度谋划，推动体育事业改革发展，把全民健身作为全面小康社会建设的重要战略。重庆市委、市政府全面贯彻党的体育方针，出台了一系列发展体育事业的政策举措，全民健身事业取得了持续、快速、健康发展。截至2020年，全市体育产业总规模（总产出）为541.33亿元，与2015年相比增加值为226.37亿元，增加值

一、全面小康是奋斗出来的

占全市GDP的0.9%；体育市场主体持续壮大，体育企业数量共计29985家，体育产业从业人员达到14.3万人；产业平台建设成效明显，市级体育产业基地累计达到11个，国家级体育产业基地2个；体育彩票累计发行239亿元。健身的人群逐渐增多，氛围更加浓厚，经常参加体育锻炼人数比例由2014年的43.78%上升到2020年的47.65%，每周参加1次及以上体育锻炼人数达到2506.94万人。为了让更多的群众参与全民健身，重庆不断创新全市体育场馆免费或低费用工作，并取得了显著的成效。2019年，全市免费或者低收费的体育场馆开放总面积达到230余万平方米，全年开放时间达到31.4万小时，接待健身群众超过2000万人次。开放的场馆中既有年轻人偏爱的足球、篮球、乒乓球，也有适合老年人的柔力球、门球、太极拳，还有少年儿童喜爱的旱冰、游泳、棋牌，更有攀

璧山区在东岳体育公园、秀湖公园、观音塘湿地公园、枫香湖儿童公园建设了大量公园健身步道，进一步推动了全民健身，让城市动了起来（谢捷 曾清龙 摄）

19

岩、网球、拳击等时尚运动，人民群众能够以自己喜欢的方式免费或低收费参与全民健身。此外，重庆市一直在积极创建国家体育示范项目，其中，万盛经开区入选国家体育旅游示范基地，南川金佛山大环线入选全国国庆体育旅游精品线路，长寿湖旅游景区营地、缙云山翠月湖房车营地入选全国汽车自驾运动营地，龙水湖旅游度假区入选中国体育旅游精品景区。

近年来，重庆医疗服务规模快速发展，医疗卫生服务体系建设取得积极成效。"十三五"时期，深化医药卫生体制改革，公立医疗机构全面取消药品和医用耗材加成，结束60多年"以药补医"历史；深化生育服务管理改革，深入实施母婴安全和健康儿童行动，全面两孩政策积极效应持续显现，全市累计出生164.65万人，其中二孩占40.89%；聚焦医疗卫生服务能力提升，新增三甲医院8家，建设了国家区域医疗中心1个，新增市级临床重点专科120个；聚焦人才科技创新，新增中国科学院院士1名，新增国家级人才30余名；建成"美丽医院"45家、"智慧医院"44家，等等。随着医疗卫生保障体系的逐步完善，城乡居民健康水平持续提升。2016年至2020年，重庆市人均预期寿命由76.70岁提高到78.15岁，优于全国平均水平，顺应了人民群众的健康期待。2021年，积极推进健康中国重庆行动，新增互联网医院18家、三级中医院5家，"三通"医共体建设覆盖所有区县，跨省异地就医住院费用直接结算全面推开。

党的十八大以来，重庆统筹覆盖城乡的社保体系基本建立，人人享有社会保障目标基本实现，覆盖城乡、普惠可及、更加公平可持续的社会保险制度基本建成。2020年，全市参加城乡养老、失业和工伤保险参保人数分别达到2370万人、548万人和730万人，较2015年分别增加422万人、109万人和301万人。在制度建设方面，养老保险制度不断完善，工伤、失业保险制度更加健全，多层次社保体系逐步建立。从覆盖面上来看，重庆全面实现建档立卡贫困人员基本养老保险应保尽保、超龄贫困人员基本养老保险待遇应发尽发两个100%。2020年，城乡养老保险参保率持续稳定在95%以上。养老保险待遇持续提升，调整增加企业退休人员基本养老金、机关事业单位养老保险待遇，惠及全市406万退休人员。2012年至2020年，企业职工月人均养老金由1686元增长到2900元左右。在医疗保险上，重庆基本形成以基本医疗保险为主体，医疗救助为托底，补充医疗保险、商业健康险等多层次医疗保障制度。全市基本医疗保险参保人群已达到3266.7万人，参保率持续稳定在95%以上。

3. 立体出行方便快捷

重庆地处西南腹地，被嘉陵江、长江环绕，江峡相拥，曾因交通不便，长期闭塞、落后。"好个重庆城，山高路不平。"这一句时常出现在重庆本土剧目中的台词，活灵活现地把山城重庆表现得淋漓尽致。因为受到这样的地理条件限制，山高坡陡的重庆城曾让居民出行十分困难，要从根本上解决"出行难"，大力发展轨道交通成为应对之策。从"绵延蜀道"到"千里江陵一日还"的长江船运，再到今天逢山开路、遇水架桥的坦途，见证了重庆人涌出三峡、冲向世界的梦想从未止步。从肩扛背驮、纤夫号子，到"船铁公机"齐头并进，重庆交通的变革，见证了西南重镇的崛起，创造了跨越发展的奇迹，也带来了区域治理的变革，奠定了重庆独特而重要的历史地位。

全面建成小康社会重庆变迁志

重庆朝天门长江大桥（王恒 摄）

　　解放之初，重庆市中心仅有总长不足40公里的行车道路，公共交通能行驶的汽车仅有11辆。从渝中区到南岸、江北只能靠轮渡过江。如今的重庆有上天入地的轨道交通，横跨江面的过江索道，飞架南北、造型各异的跨江大桥，风光无限的云端机场……

　　重庆早在2005年时就被认定为中国唯一的"桥都"。从1929年第一座现代化桥梁建成，90多年来，重庆已建有1.36万座桥梁。主城区跨江大型桥梁46座，其中城市道路桥梁（含路轨共用桥梁）35座，轨道专用桥梁5座，铁路桥梁6座。据统计，重庆主城区平均每隔5公里就会有2座大桥，60%的市民每天至少通过2座桥梁。重庆的桥梁密度远高于我国的其他城市，而且建设施工难度也要比其他城市大得多，极具挑战性。朝天门长江大桥跨径居世界拱桥之首，被称为"世界第一拱"，菜园坝长江大桥是世界最大跨径的公轨两用结构拱桥，新白沙沱长江大桥是世界上荷载最大的钢桁梁斜拉桥，鹅公岩轨道专用桥是世界上主跨跨度最大的自锚式悬索桥。如今，桥是重庆人每天必须经过的路，也成为重庆人过江的主要通道。

党的十八大以来，重庆交通运输的发展取得了新的重大成就。尤其是在"十三五"期间，重庆市紧紧抓住推动成渝地区双城经济圈建设、新时代西部大开发、交通强国建设试点等一系列战略机遇，大力实施交通建设三年行动计划和高铁建设五年行动方案，坚决打赢交通脱贫攻坚战，成功入选交通强国建设首批试点省市，成为全国唯一兼有陆港型、港口型国家物流枢纽城市，成功创建公交都市。"十三五"期间，重庆累计完成交通投资4312亿元，比"十二五"期间增加963亿元，全市交通高质量发展呈现良好态势。

交通建设三年行动计划圆满收官。新开工建设高速公路1719公里，通车里程达到3402公里，省际出口达到24个，基本形成

渝湘高速中最具代表性的特大S形大桥（陈碧生 摄）

全面建成小康社会重庆变迁志

"三环十二射多联线"网络。改造普通干线公路1.2万公里，普通国道二级及以上公路占比达到90%，普通省道三级及以上公路占比达到70%，基本实现全市3A级旅游景区和市级重点工业园区均有普通省道三级及以上公路连接。新改建"四好农村路"8.4万公里，农村公路总里程达到16.2万公里，路网密度居西部地区第一。这一条条伸向远方的公路，犹如活力四射的血脉，有力推动了重庆高质量发展。这也让回家的路不再遥远，承载着群众满满的获得感、幸福感和安全感。

高铁建设五年行动方案扎实推进。"米"字形高铁网、"两环十干线多联线"普速铁路网加快形成，让我们"行千里，致广大"，"诗和远方"不再遥远。全市铁路营业总里程达到2394公里，高铁在建里程达到827公里、营业里程达到839公里。乘客从重庆乘高铁到成都、贵阳、昆明、西安等周边大城市，分别只要约1小时、2小时、4小时、5小时。

全面打赢交通脱贫攻坚战。全市所有乡镇和行政村通畅率、通客车率均达到100%，行政村直接通邮率、快递服务乡镇覆盖率均达到100%。全市具备条件的村民小组通达率、通畅率分别达到100%、92%，较"十二五"末分别提高18个、37个百分点。

水运方面，长江上游航运中心加快建设，长江朝天门至涪陵段航道开工整治，长江朝天门至九龙坡段航道整治、涪江潼南航电枢纽建设完成，全市三级及以上航道里程突破1100公里。全市港口货物、集装箱吞吐能力分别突破2亿吨、500万标箱；周边地区货物经重庆港中转比重达到45%。

航空方面，重庆正全力推进国际航空枢纽建设。改革开放前，重庆只有一个小型的白市驿机场。如今，重庆全面形成"1+4+3"

一、全面小康是奋斗出来的

重庆轨道交通2号线穿行在盛开的鲜花中（刘立彬 摄）

民用机场体系，即1个枢纽机场——江北国际机场，4个支线机场——万州机场、黔江机场、巫山机场、武隆机场，3个通用机场——梁平通用机场、龙兴通用机场、永川大安通用机场。江北国际机场通航城市总数达到216个，国际及地区航线突破100条。全市民航运输机场旅客、货邮年吞吐能力分别达到4650万人次、110万吨，年旅客吞吐量保持全国前10强。

交通服务品质稳步提高。2005年6月，西部地区首条城市轨道交通线路，也是我国首条跨座式单轨线路，较场口至动物园的轨道2号线正式开通运营，从此不塞车、不赖站、准点运行的轨道列车，让市民出行尽享通畅。随后数年，轨道1号线、3号线、6号线等相继开通，截至目前，轨道交通日均载客量突破300万人次。轨道交通快速、省时、准时的优点，为乘客出行节省了大量时间，并通过与公交车接驳，编织起"便捷交通网"。随着大数据智能化推广应用，市民出门乘坐公交车不用带公交卡，也不需要零钱，使用支付宝、微信扫码即可乘车。除此功能外，所有公交车都有GPS监控系统监督车辆是否超速、赖站、越线，以及4G视频实时监控驾驶员是否违规、疲劳驾驶，并及时传输车内视频画面。以前公交排班调度主要是人工操作，执行固定排班顺序，机械重复且效率低下。现在通过大数据等科技手段实现智能化调度，可根据实时客流需求自动生成发车计划，基于高峰满载率和最大客流等条件，自动计算符合准载率的发车时刻表，有效提高调度效率和乘坐舒适度。

4.生态文明建设大力推进

良好的生态环境、人与自然的和谐发展以及可持续发展的能力，是全面建成小康社会的基础条件。党的十八大报告将资源节约

初冬时节，长江三峡巫峡及大宁河两岸的红叶进入最佳观赏期。只见漫山红叶如火似霞，映照着碧绿的江水，呈现出一幅"红叶红、生态美"的秀丽山水画卷（王忠虎 摄）

一、全面小康是奋斗出来的

型、环境友好型社会建设取得重大进展纳入全面建成小康社会的目标，提出了更具明确政策导向、更具现实针对性、更顺应人民意愿的新要求，从而使这一目标要求的内涵更加丰富和完善。建设生态文明，才能实现人的全面发展、文明的全面进步、社会的全面和谐，从而确保如期实现全面建成小康社会的宏伟目标。

对人的生存来说，"金山银山"固然重要，但"绿水青山"是人民幸福生活的重要内容，是金钱不能代替的。习近平总书记高度重视长江生态环境，强调"要把修复长江生态环境摆在压倒性位置，共抓大保护，不搞大开发"，"促进长江经济带上中下游协同发展、东中西部互动合作，把长江经济带建设成为我国生态文明建设的先行示范带、创新驱动带、协调发展带"。"十三五"时期，重庆市委、市政府紧紧围绕把习近平总书记殷殷嘱托全面落实在重庆大地上这条主线，全面贯彻党中央、国务院关于加强生态环境保护的系列部署要求，坚定不移走生态优先、绿色发展之路，坚决打好污染防治攻坚战，长江上游重要生态屏障进一步筑牢，山清水秀美丽之地建设成效显著。

生态保护修复全面加强。统筹山水林田湖草系统治理，推进"治水、育林、禁渔、防灾、护文"，多为自然"种绿"，多为生态"留白"。划定并严守生态保护红线，持续开展"绿盾"自然保护地监督检查专项行动。大力开展国土绿化提升行动，推进中心城区"两江四岸""清水绿岸""四山"生态治理，2020年末重庆市森林面积、森林覆盖率和森林蓄积量分别提升至432.93万公顷、52.5%、2.41亿立方米，比2015年末分别增加58.87万公顷、提高7.1个百分点、增加3600万立方米，全市森林覆盖率位列全国第11位、西部地区第4位。高起点、高标准、高质量推进广阳岛片区长江经济

渝北区九曲河湿地公园

带绿色发展示范建设，精心打造"长江风景眼、重庆生态岛"。璧山区、北碚区、渝北区、黔江区、武隆区成为国家生态文明建设示范区，武隆区、广阳岛、北碚区、渝北区入选"绿水青山就是金山银山"实践创新基地。长江上游重要生态屏障进一步筑牢，"山水之城·美丽之地"颜值更高、气质更佳。

  环境质量明显改善。聚焦"水里""山上""天上""地里"，持续深化"建""治""管""改"，深入实施"碧水、蓝天、绿地、田园、宁静"五大环保行动，以碧水保卫战、蓝天保卫战、净土保卫战以及柴油货车污染治理、水源地保护、城市黑臭水体治理、长江保护修复、农业农村污染治理等标志性战役为重点，坚决打好污染防治攻坚战。2020年，二氧化硫、氮氧化物、化学需氧量、氨氮排放量较2015年分别下降22.4%、18.3%、8.3%、7.4%。全市空气质量优良天数达到333天，较2015年增加41天，PM2.5（细颗粒

一、全面小康是奋斗出来的

物）年均浓度降至33微克/米³，首次达到国家二级标准（35微克/米³），蓝天白云成为常态。长江干流重庆段水质为优，42个国考断面水质优良比例达到100%，城市集中式饮用水水源地水质达标率达到100%。农村人居环境持续改善，土壤、辐射等环境质量总体稳定，全市未发生重特大突发环境事件。

绿色发展取得新成效。运用生态环境保护政策措施驱动产业结构调整升级，全面完成30万千瓦及以上煤电机组超低排放改造，化解船舶过剩产能2万载重吨，钢铁、水泥、电解铝、平板玻璃等重点行业落后产能已全部淘汰。2020年，高技术产业和战略性新兴产业占规模以上工业增加值比重分别提高至19.1%、25%。积极构建绿色制造体系，建成绿色工厂115家、绿色园区10个，其中国家级绿色工厂35家、国家级绿色园区3个，园区工业集中度达到84%。促进资源节约集约利用，开展资源循环利用示范基地建设。全市单位地区生产总值能耗五年累计下降19.4%，单位地区生产总值二氧化碳排放量五年累计下降21.88%，非化石能源消费占比达到19.3%，页岩气产量累计超过310亿立方米。

一大批生态环境问题得以解决。重庆不折不扣贯彻落实习近平总书记重要批示精神，高标准、高质量推进缙云山国家级自然保护区生态环境问题综合整治，缙云山生态环境明显改观。举一反三、标本兼治，长江上游珍稀特有鱼类国家级自然保护区、水磨溪湿地自然保护区突出生态环境问题整改取得显著成效。强力实施第1号、2号市级总河长令，连续开展污水"三排"（偷排、直排、乱排）、河道"三乱"（污水乱排、岸线乱占、河道乱建）专项整治，河流管理保护成效明显。

多年来，重庆践行生态理念，矢志绿色发展，真正实现了生态

29

和经济同向而行，发展与保护同步而进，重庆一江碧水、两岸青山的美景正焕发出新的风采。

5.内陆开放高地建设不断加快

改革开放后，重庆成为计划单列市、沿江开放城市及直辖市，对外开放的步伐不断加快。尤其是党的十八大以来，重庆紧紧围绕内陆开放高地建设目标，加快拓展开放通道、提升开放平台、完善开放口岸、培育开放主体、优化开放环境，努力在西部地区带头开放、带动开放，形成了全方位、多层次、宽领域的对外开放新格局。

加快建设内陆开放高地，在共建"一带一路"中发挥带动作用，是习近平总书记对重庆的殷殷嘱托，为重庆开放指明了方向。重庆全市上下深入学习贯彻习近平总书记重要讲话精神，坚持从全局谋划一域、以一域服务全局，注重务实推进，推动全方位开放，持续构筑内陆开放新优势，以高水平开放推动高质量发展，全市内陆开放高地建设成效显著，在西部地区带头开放、带动开放能力不断增强，朝着到2035年进入现代化国际都市行列的远景目标奋进。

从地理区位看，重庆不沿边、不靠海，距离出海口2000公里，这曾是重庆开放发展的短板。如今，水路、铁路、航空的飞速发展，为重庆架起联系世界的桥梁。泰国的活虾、越南的水果、欧洲的奶制品等，坐轮船、乘火车、搭飞机都能迅速便捷地抵达这个曾经闭塞的西部城市。按照中央决策部署，依靠自身努力，重庆加快建设内陆开放高地，逐渐从内陆腹地变为开放前沿。2020年，重庆持续拓展开放通道，西部陆海新通道通达96个国家、260个港口，中欧班列（重庆）累计开行超过7000班，国际航线增至101

一、全面小康是奋斗出来的

两江新区果园港，载着集装箱和货物的轮船不停地进出港，呈现百舸争流的繁忙景象（钟志兵 摄）

条，重庆成为全国首个同时拥有港口型和陆港型国家物流枢纽的城市。平台引领带动作用增强，中新（重庆）战略性互联互通示范项目、自贸试验区、两江新区、综保区、经开区、高新区等国家级开放平台集聚了全市外贸进出口的80%、外商直接投资的70%。开放型经济稳中提质，2017年至2021年，五年实际使用外资122.1亿美元，在渝世界500强达到312家，中国国际智能产业博览会、中国西部国际投资贸易洽谈会、中新（重庆）战略性互联互通示范项目金融国际峰会、重庆英才大会等影响力不断增强。以开放促改革取得积极进展，中央部署重庆的改革任务479项全面落实、930项稳步推进，营商环境持续改善，五年来新设市场主体212.7万户，上市企业达到76家，民营经济增加值占地区生产总值比重达到59%。

近年来，重庆围绕"一枢纽两高地"建设，充分利用中欧班列（重庆）、西部陆海新通道等国际物流通道资源，发挥整车进口口岸功能，立足西部、面向全国开展汽车整车等大宗商品进口，培育和繁荣西部地区消费市场，促进对外贸易提质增效。2021年，重庆

全面建成小康社会重庆变迁志

2019年5月16日，中欧班列（重庆）上合组织国家专列抵达重庆团结村中心站（魏中元 摄）

合同外资46.9亿美元，同比降低19.0%；实际利用外资22.4亿美元，同比增长6.4%。其中，外商直接投资3.25亿美元，同比增长63.73%，高于全国整体增速19.97个百分点。中欧班列（重庆）已成为亚欧之间重要的国际物流陆路运输骨干，将重庆不靠海、不沿边的劣势，转为辐射东、南、西、北"四向"的优势。重庆主导发起建设的陆海新通道吸引了青海、宁夏、陕西等9个省（自治区）携手共建。该通道纵贯我国西部地区腹地，北接"丝绸之路经济带"，南连"21世纪海上丝绸之路"，协同衔接长江经济带，成为西部开放的重要载体。

在拓展开放通道方面，重庆全面融入共建"一带一路"和长江经济带发展，加快构建东、西、南、北"四向"连通，铁、公、水、空"四式"联运，人流、物流、资金流、信息流"四流"融合的开放通道体系，构建内陆国际物流枢纽支撑。向西，中欧班列（重庆）运营路线已达33条，辐射亚欧27个国家72个节点城市，

一、全面小康是奋斗出来的

累计开行超过1万列，发送货物近90万标箱，运输货值近4000亿元，已成为行业标志性品牌和"一带一路"建设中重要的"钢铁驼队"；往东，依托长江黄金水道航运优势，加快建设智慧长江物流工程，开通渝沪直达快线，开行渝甬沿江铁海联运国际班列，与长江航运相互补充；往北，常态化开行渝满俄班列，使重庆与俄罗斯之间的货物流通效率大幅提升，经贸联系更加密切，贸易市场进一步拓展；向南，西部陆海新通道上升为国家战略，重庆成为通道物流和运营组织中心，通道物流网络覆盖全球107个国家（地区）的315个港口……这一组组数字背后，既是物流大通道逐渐成熟、愈发通畅的真实写照，也是重庆积极主动服务国家战略，加大开放力度，努力在西部地区带头开放、带动开放的"成绩单"。

带头开放、带动开放，不仅要建设通道，更要打造开放平台。开放平台决定着通道的存活与繁荣，关系着产业的聚集与发展。中新（重庆）战略性互联互通示范项目、重庆自贸试验区、两

中国（重庆）自由贸易试验区挂牌成立后，一艘满载商品车的船舶停靠在果园港码头（张锦辉 摄）

江新区、重庆高新区为重庆"最能打"的四大开放平台。2015年，中国和新加坡第三个政府间合作项目——中新（重庆）战略性互联互通示范项目的运营中心落户重庆。该项目是中新政府间合作的3.0版，其在金融服务、航空产业、交通物流和信息通信等四大重点领域的推进，为中国广袤的西部插上了腾飞的翅膀。而两江新区作为内陆首个国家级开发开放新区，正抢抓成渝地区双城经济圈建设重大发展机遇，全面融入共建"一带一路"和长江经济带发展，加快建设重庆自贸试验区和中新（重庆）战略性互联互通项目双核心区，打造两路果园港综保区、江北嘴国际金融中心、悦来国际会展城等多维开放平台，持续提升政治站位、战略站位，聚力打造具有全国影响力的重要经济中心、科技创新中心、改革开放新高地、高品质生活宜居地，发挥示范引领和龙头带动作用，为成渝地区双城经济圈建设作出更大贡献。目前，两江新区集聚的世界500强企业占全市50%以上，进出口总额占全市36%，服务贸易、跨境电商交易额分别占全市超过40%、70%。2017年，重庆自贸试验区挂牌运行，标志着重庆内陆开放步入新里程。重庆自贸试验区自挂牌成立以来，推动总体方案151项改革试点任务全面落地，国家部署的复制推广经验案例和深化改革创新措施落实率超过90%，较好地发挥了改革发展排头兵、开放发展制高点、创新发展先行者作用。主动对接国际高标准经贸规则，稳步推进制度型开放，累计培育重点制度创新成果88项，其中7项向全国复制推广，66项在全市复制推广，营商环境市场化、法治化、国际化水平不断提升。目前，重庆已形成了"战略平台+园区平台+功能平台+活动平台"的开放平台体系。这些平台成为重庆开放发展的"火车头"和"主载体"。

随着内陆开放高地建设的不断深入，开放型经济的质量和效益不断提升。重庆进出口总值从2014年的954.5亿元发展到2021年的8000.6亿元，2021年进出口总值排名西部第2位，对同期西部地区外贸增长贡献率为24.8%，贡献率居首位。开放型经济推动重庆经济高质量发展，不少企业既是受益者，也是推动者。位于两江新区鱼复新城的重庆中车长客公司依托两江新区开放高地，积极推进"走出去"战略目标，先后参与了泰国、马来西亚等国外单轨市场竞争，获得了阿根廷地铁105辆不锈钢车体的订单。目前，该公司已发展成为重庆轨道交通车辆装备龙头企业，证明了对外开放是经济腾飞的强劲动力。

今后，重庆将全面推进共建"一带一路"和长江经济带发展，不断拓展开放通道、提升开放平台、做强开放主体、优化开放环境，大力建设内陆开放高地，努力在西部地区带头开放、带动开放。

6.法治护航幸福生活

党的十八大以来，以习近平同志为核心的党中央将全面依法治国纳入"四个全面"战略布局予以推进，从坚持和发展中国特色社会主义全局和战略高度定位法治、布局法治、厉行法治，提出了一系列全面依法治国新理念、新思想、新战略，开辟了法治建设新境界。2020年11月，党的历史上首次召开的中央全面依法治国工作会议，将习近平法治思想明确为全面依法治国的指导思想。重庆深学笃用习近平法治思想，认真贯彻党中央决策部署，扎实推进科学立法、严格执法、公正司法、全民守法，在新时代取得新的突破性成就。

1987年，重庆出台了关于行政诉讼的地方性法规，即《重庆市行政诉讼暂行规定》。重庆直辖后至2007年，市人大常委会加快了地方立法步伐，共制定了265件法规，初步形成较为完备的地方立法体系。2020年，市人大常委会审议通过法规案16件，涉及地方性法规和单行条例22件。目前，全市现行有效地方性法规涵盖经济、政治、文化、社会和生态文明建设各个领域。

重庆法院开启了司法为民的新实践。党的十八大以来，重庆法院全面落实司法责任制要求，健全公正高效的审判组织，完善独任法官、合议庭办案责任制，落实院庭长办案责任等制度机制，"让审理者裁判，由裁判者负责"。2020年，全市法院受理案件101.2万件，结案92.9万件，同比分别下降1.6%和0.7%。其中，重庆市高级人民法院结案1.1万件，5个中级人民法院结案7.6万件。法定审限内结案率达99.9%，生效裁判服判息诉率达98.7%，法官人均结案330.6件，位居全国法院前列。同时，贯彻落实强基导向，结合实际推出的"人民法院老马工作室"、"一庭两所"矛盾纠纷联调机制、"一街镇一法官"、"车载便民法庭"等工作模式都取得积极成效。"人民法院老马工作室"通过整合驻院调解力量，强力推进一站式多元解纷机制建设，吸引更多社会力量参与诉前纠纷化解工作，提升调解质效。截至2021年底，全市已入驻"人民法院老马工作室"调解组织2070个、调解员6200名，全市法院通过重庆法院纠纷易解平台自行受理或者接受委托委派调解案件33.6万件。

全市检察机关全面履行法律监督职责，为重庆决胜全面建成小康社会作出了贡献。环保公益诉讼一直是检察机关监督维护生态环境的重要职能，市检察院结合"公益诉讼质效提升年"，将环保公益诉讼的外延逐步推向更深更广层面。2019年，在突出打击破坏环境资源犯罪方面，重庆检察机关起诉1183人，同比上升5.9%。

涪陵区检察院起诉的王某、张某跨省非法处置危险废物污染环境犯罪案，被最高人民检察院评为2019年年度服务保障长江经济带发展12个典型案例之一。在凝聚生态环境保护合力方面，市检察院与川、滇、黔、藏、青5省（自治区）检察院建立长江上游生态环境保护跨区域检察协作机制，与9个市级部门建立生态环境公益诉讼协作机制，探索由重庆铁路运输检察院专门负责长江上游重庆段跨区域生态环境公益诉讼工作机制。重庆铁路运输检察院与长寿区、梁平区、垫江县检察院建立了龙溪河生态环境保护检察协作机制。2020年4月9日，市检察院出台全国首个拓展公益诉讼案件范围指导意见，即《重庆市人民检察院关于拓展公益诉讼案件范围的指导意见（试行）》，明确提出拓展办理公共安全，互联网公益保护，文化遗产和国家尊严保护，未成年人、妇女权利保护，消费者、投资者权利保护5个"等"外领域的公益诉讼案件。

全市公安机关统筹疫情防控和服务发展，全力以赴防范化解社会矛盾风险。保持对各类违法犯罪的严打高压态势，以扫黑除恶为龙头净化社会治安环境，以规模打击为牵引提升破案打击质效，以群众利益为导向严打民生领域犯罪。2021年，重庆公安机关在市委、市政府和公安部坚强领导下，紧扣建党100周年安保维稳主线，统筹抓好发展和安全两件大事，全力以赴防风险、保安全、护稳定、促和谐，各项工作取得显著成效，群众安全感达99.34%，公安队伍满意度、执法公信力测评分别得分96.47分、96.68分，均创历史新高，建党100周年安保维稳工作获公安部集体一等功表彰。常态化推进扫黑除恶专项斗争，共侦办涉黑涉恶案件13起，抓获涉案人员278人，破获案件311起，查处涉案资产3.47亿元，深挖移送涉"保护伞"线索233条，群众对扫黑除恶斗争满意率达96.28%、同比上升0.66个百分点。深入开展打击治理跨境赌博犯罪、"云剑""昆仑""净边2021"、打击长江流域非法捕捞等专项行动，全年破刑事案件9.56万起、移送起诉4.83万人，八类严重暴力案件现案破案率达93.65%。深入推进全民反诈专项行动，共侦破电信网络诈骗案件2.88万起，移送起诉1.09万人，追还资金2.39亿元，电诈发案同比下降21.4%，移送起诉、返还资金数同比分别上升123.8%、298.2%，电诈案件2021年6月首次出现拐点并保持下降。持续深化"枫桥经验"重庆实践，化解矛盾纠纷13万余起，化解率达93.8%。全面强化安全监管，建立重点危险货物运输一体化护运机制，"定时定线定车"安全护送8.04万批次。顺利完成高速公路交通安全管理体制调整，部署推进道路交通安全隐患排查整治，完成8894处农村道路、2800处临水道路、163处漫水路桥、117处事故多发点段隐患治理，交通事故起数、死亡人数和较大事故数同比分别下降0.71%、1.92%、40%，一般道路连续112个月、农村道路连续17年未发生重大事故。深入推进立体化、智能化治安防控体系建设，全市中小学幼儿园专职保安配备率、封闭化管理率、"护学岗"设置率达100%，建成智慧安防小区2209个，成功打造石柱"平安乡村·智慧农家"智能化乡村防控模块、合川"看家天眼"智慧安防小区、九龙坡"瞭望者"防高空抛物系统等一批防控体系精品，150个社会治安重点地区刑事发案同比下降41.13%。

重庆政法系统始终聚焦民生关切，用法治的力量让人民群众的获得感成色更足、幸福感更可持续、安全感更有保障。

二、人民生活方式的改变

2015年11月召开的中央扶贫开发工作会议强调，"十三五"期间脱贫攻坚的目标是，到2020年稳定实现农村贫困人口不愁吃、不愁穿，农村贫困人口义务教育、基本医疗、住房安全有保障；同时，实现贫困地区农民人均可支配收入增长幅度高于全国平均水平、基本公共服务主要领域指标接近全国平均水平。

从最初的以解决温饱问题为核心，逐步延伸到了义务教育、基本医疗和住房安全保障上来，从"两不愁"到"三保障"，也使得国家扶贫工作从"温饱型"向"保障型"转化。这是一场决定中国人民最终幸福实现的关键一役。

重庆认真贯彻中央扶贫开发工作会议的精神，在"两不愁三保障"的落实上全力以赴，绝不漏下一人、落下一户。

（一）食品安全有保障

民以食为天，"不吃饭就不能生存，悠悠万事、吃饭为大。只要粮食不出大问题，中国的事就稳得住"。以往人民群众的愿景就是有得吃、吃得饱，但随着扶贫工作长期实施，生活水平也在逐步提高，有得吃、吃得饱的愿景现在变成了吃得安全、吃得放心。

重庆作为一座舌尖上的城市，坊间流传的一段顺口溜就包揽了重庆的大部分美食：

> 荣昌的猪儿，永川的茶，江津的花椒确实麻；
> 武隆的豆干，潼南的鱼，城口的腊肉端上席；
> 奉节的脐橙，长寿的柚，彭水的魔芋吃不够；
> 梁平的鸭，秀山的鸡，要吃洋芋到巫溪；
> 南川的竹笋，黔江的鸡杂，垫江的豆花麻又辣；
> 忠县的腐乳，涪陵的榨菜，合川的桃片有特色。

这些美食已经成为这座城市的风味，让五湖四海的游客垂涎欲滴。可是要能使人们吃得舒心，同时也吃得放心，却不是一件容易的事。重庆在食品安全的扶贫保障工作上可谓是费了好大一番功夫，不仅改变了以往贫困群众"吃饭看天"的困境，同时还开拓出以产业化的方式发展农产品的新思路，全力推进特色产业精准扶贫，保障农产品从农田到餐桌每一道工序的安全可靠。

1.全面保障农产品安全

食品安全责任重大，"米袋子""菜篮子""肉盘子"关系到千万家庭的健康幸福。党的十八大之后，中央就从世情、国情、农情出发，提出了"以我为主、立足国内、确保产能、适度进口、科技支撑"的国家粮食安全新战略。2014年中央一号文件的出台，进一步完善了粮食等重要农产品的价格形成机制，切实保证农民

二、人民生活方式的改变

重庆江北区食药监分局的执法人员正在对蔬菜、食品等进行检查（李珩 熊明 摄）

收益。

为保障粮食等重要农产品的安全，重庆市全面落实粮食安全党政同责和"菜篮子"区县长负责制，分区县下达粮食、生猪、蔬菜生产任务清单，并严格实行目标管理。这一制度的有效实施，使得重庆在粮食生产上稳中有进，"米袋子"总体充足，在向农民们及时兑现种粮补贴后，撂荒地也得到了有效利用，从而使重庆市粮食总产量常年稳定在1000万吨以上。甚至在2021年，重庆市的粮食播种面积和总产量创下了历史新高。粮食总产量达到了1093万吨，全市人均粮食占有量达到352公斤，其中人均稻谷占有量达到159公斤，高于全国平均水平。

与此同时，"菜篮子"和"肉盘子"的成绩也硕果累累。随着高山蔬菜的大力发展及重点蔬菜基地的改造升级，重庆市累计打造出标准化蔬菜基地222万亩，全市蔬菜种植面积1187万亩，产量达

重庆市大足区龙水镇横店村的蔬菜基地（黄舒 摄）

到2184万吨，人均蔬菜占有量超过620公斤，在全国36个大中城市中稳居前列，蔬菜自给率达97%。同时，在政策落实、产能落地后，重庆市的生猪产能及水产品产能稳中求进、丰盛有足。2021年，重庆市出栏生猪1806.9万头，水产品产量也达到了54.5万吨。重庆市在现有成果的基础上，在保障粮食等农产品安全稳步发展的同时，也不断摸着石头过河，创建了农产品产业化的生产链，也推广了品牌效应理念。

2.开拓农产品产业化

重庆的涪陵榨菜早已中外闻名。涪陵青菜头主产区涪陵江北街道的田间地头，到处堆积着翠绿的青菜头。这些青菜头与法国酸黄瓜、德国甜酸甘蓝齐名，号称世界三大名腌菜。这些青菜头正是制作涪陵榨菜的主原料，经过农民们独特的加工工艺处理后，就成了饭桌上鲜嫩香脆、可口解腻的一道美食。享有"中国榨菜之乡"美

二、人民生活方式的改变

誉的涪陵就是这道美食的发源地，涪陵榨菜也多年位居中国农产品区域公用品牌价值第一位。如今，随着农产品产业化和品牌效应理念的落实，涪陵榨菜走出了重庆，走出了中国。

即便2020年新冠肺炎疫情袭来，涪陵区青菜头的种植面积也未受到影响，这也得力于涪陵区产业发展中心全面推行的"一个保护价、两份保证金、一条利益链"的利益联结机制。当地有名的青菜头种植大户卢家庆表示，在进行土地整治后，他家种植的青菜头面积从2019年的30亩，提高到2020的60亩，按照现在1450元/吨的市场价格计算，在2021年这60亩青菜头预计可收入26万余元。卢家庆对此十分欣慰，还不忘在采访时对记者说道："今年我是大赚了一笔，真正的牛年牛气冲天哦！"利益联结机制凝聚了37家榨菜企业和197个榨菜股份合作社的力量，实现了涪陵当地青菜头的应收尽收，保障农户们种植的积极性，让"青疙瘩"成为了农民致富的"金疙瘩"。

以全产业链思维发展壮大的现代山地特色高效农业，总面积达到了3100万亩，综合产值达到了4500亿元，这不仅丰富了农业的多种功能，而且拓展了乡村的多元价值。除了榨菜特色产业，重庆市还重点发展了包括柑橘、柠檬、茶叶、特色水果等在内的十大特色高效产业，以"巴味渝珍"为龙头品牌，推出了奉节脐橙、荣昌猪、恒都牛肉、江小白、三峡柑橘等特色品牌。2020年召开的第十八届中国国际农产品交易会中，"巴味渝珍"品牌授权农产品就达到549个，农产品加工产值、农产品网络零售额分别增长3%、21%。随着"智慧农业·数字乡村"工程的有效实施，农作物耕种的覆盖率在稳步提高，"艳椒"辣椒、无籽沃柑、巫山脆李等50余个具有影响力的创新品种也逐渐进入了更多人的生活。

3.吃得舒心放心

食品安全的源头问题，不仅在于公权力的监督，更需要全过程社会动态监督。夜幕刚刚降临，食客们纷纷走进了江北区北滨路的各式餐馆，这些餐馆里都有一个落地大屏幕，通过屏幕中的画面，食客们可以清晰地看到整洁明亮的厨房，厨具和调料整齐摆放在备菜台上，身着白褂、戴着厨师帽的几位师傅正在如火如荼地进行着备菜工作。屏幕的下方，显示着该餐饮店的餐品服务食品安全等级公示以及从业人员健康证明等信息。随着人民群众对食品安全的重视力度加强，更多的餐厅还选择使用透明厨房来吸引顾客，让食品的加工公开、透明，从而让顾客们吃得放心、吃得开心。

为了全方位保障食品安全，线下餐馆有透明厨房参与，线上外卖行业的"透明厨房"也必不可少。随着外卖市场的火爆，一些大型的外卖APP中的商家也纷纷进入了"重庆阳光餐饮APP"的监管系统。在这个监管系统中，食客们只需要动动手指，就可以查看餐饮单位的后厨操作过程、商业资质证照等信息，使得外卖吃起来更安心。如今，"重庆阳光餐饮APP"还在全市所有学校食堂全面推广开来，涪陵、巫山、江津等地区的餐饮单位也纷纷通过该APP实现了"明厨亮灶"，从而实现了全过程全方位食品安全的社会监管。

更有意思的是，重庆将"智慧农贸市场"建立在一个叫"渝溯源"的平台上，守卫了百姓们采购新鲜食材的安全。对于老百姓而言，买菜是家家户户的日常，买得放心才能吃得放心。重庆市首个"智慧农贸市场"于2019年落户沙坪坝。该"智慧农贸市场"在建成后，实现了交易流程数据化，并统一使用联网电子公平秤，将农产品单价、重量、价格等信息直接传送至消费者面前,消费者通过智能显示屏进行扫码支付。同时,市民在完成每一笔交易时,都会获得有追溯代码的小票,通过该小票,市民可以扫码查询购买产品的供应商、产地等信息,实现农产品信息追溯等。在新冠肺炎疫情暴发后,当进口三文鱼、南美冻虾等进口冷链食品让市民们望而却步时,重庆首先建成了"渝溯源"追溯平台并与国家平台实现对接,采取"一品一码"的方式,使得所有进口冷链食品都可以"带码"销售。如此一来,围绕在百姓周围的菜市场,通过智慧改造,变得更加整洁漂亮了,也吸引了更多百姓愿意前往市场采购新鲜食材回家体验烹饪的乐趣。

4.藏粮于地、藏粮于技

粮食安全以及食品安全逐渐成为了世界上公认的基本人权。保障人们的该权利,也是经济发展和社会稳定的基础。粮食安全作为"国之大者",必然不容忽视。

实施乡村振兴战略,必须把确保重要农产品特别是粮食供给作为首要任务,把提高农业综合生产能力放在更加突出的位置,把藏粮于地、藏粮于技真正落实到位。

2021年,农业农村部发布的《关于表彰全国粮食生产先进集体和先进个人的决定》中,重庆市梁平区农业农村委光荣上榜,荣获了"全国粮食生产先进集体"称号。在梁平区农业农村委工作者们的共同努力下,实现了全区粮食播种面积达97.5万亩,产量高达35.7万吨,较上一年分别增长了0.4%和1.6%。梁平区农业农村委还利用晒秋节、中国农民丰收节等,开展种粮大户表彰活动,并把他们推荐为国家级、市级劳动模范,让重粮抓粮的主体有更多获得感、幸福感。

在藏粮于地的工作中，梁平区农业农村委整合涉农资金，以"小改大、宜机化、水利化"为重点，整镇整村推进10万亩级高标准农田示范片建设，打造西部浅丘地带高标准农田样板，累计建成66万亩集中连片、稳产高产、生态良好的"千年良田"。

围绕藏粮于技的战略，梁平区农业农村委建立了四川农业大学实验基地，建成20万亩绿色水稻基地，推广水稻绿色高质高效技术51万亩次、推广水稻新型直播技术3万亩次。

所贵惟贤，所宝惟谷。"稻"是生存之道、发展之道，一米一饭关系国家安危、人民幸福，党中央全面实施新的粮食安全战略，使粮食之基更牢靠、发展之基更深厚、社会之基更稳定。小到每一位粮食生产者，大到各级管理部门，上下一心，都在为保障粮食生产和安全而全力以赴着。食品安全没有"暂停键"，更没有"休

2021年，中国农民丰收节暨第四届长江三峡（梁平）晒秋节庆祝活动现场（刘辉 摄）

二、人民生活方式的改变

止符"。

民为国基，谷为民命。进入新时代，人民群众更加关注食物的营养与健康，既要吃得饱，更要吃得好、吃得放心。粮食安全不仅是世界和平与发展的重要保障，也是构建人类命运共同体的重要基础，关系人类永续发展和前途命运。我们要在习近平新时代中国特色社会主义思想指引下，端牢"中国饭碗"，深入实施国家粮食安全战略和乡村振兴战略，齐心协力确保中国特色粮食安全之路越走越稳健、越走越宽广，为人民获得更多福祉奠定坚实根基。

（二）清洁饮水好安逸

水润民心，泽被万物。洁净水源的保障是百姓们幸福生活的前提，重庆虽有长江过境，但广大山区和农村地区水资源仍然较为短缺，百姓们在过去只有"望天吃水"。"以前用水恼火惨了。为了有水喝，我们都是一根扁担两个桶，早上天蒙蒙亮就出门，三四个小时后才能回来。"綦江区通惠街道居民胡培轩说。他所在的柏林村，过去水源多为山坪塘，天干时节，还面临"无水喝"的情况，不得不到綦江河挑水喝，但尽管这样肩挑苦干，每家每户仍然缺水。"用水除了省，还得重复用，经常是'一道水四道用'，即洗菜—洗脸—洗脚—喂牲口。"

限于当时的经济技术条件，通惠街道辖区内建立的饮水工程建设标准较低，基本无消毒净化设施，水质得不到保障。此外，管网管径偏小，供水压力不足，加上管网老化渗漏较大，导致供水量小，存在管网末端和地势较高处群众无水喝的情况，饮水问题成为群众最大的"揪心事"。

这样的困境在2020年重庆城乡供水一体化工程实施后得到有效的改善。以"高质量打赢脱贫攻坚战,高标准对接乡村振兴"为目标,胡培轩所在的通惠街道自发补课查找出街道"两不愁三保障"的最大短板为饮水难的问题,经过数月的实地调查研究和听取有关部门建议,数易其稿形成了通惠街道辖区的城乡供水一体化工程方案。资金不足,街道就多次向渝綦水务公司寻求帮助,将每户群众接水费由4000元降至1500元,按照"区级财政补一点、受惠用户出一点、街道筹一点、公司投一点"的多渠道筹资方式,共筹集资金1500余万元。

因为工程涉及农村饮水项目,布点多、管线长、施工难度大,为加快施工进度,实行了渝綦水务和通惠街道双业主制,双向发力,翻山越岭架设117公里主管道、200余公里支管道。直到2020年10月,涉及11个村、3600余户、13000余人的饮水难问题才得以解决。

目前,通惠街道饮水安全已达到并优于国家脱贫攻坚现行标准,辖区饮水安全实现动态清零,农村饮水已从有水喝向喝好水转变,实现了农村与城市供水同网、同质、同价。现在,看着水龙头里哗哗流着的干净自来水,胡培轩对未来有了新打算。"现在水压大,水也干净,我准备把厨房和厕所重新翻修一下,安上热水器和燃气灶,等我孙子到家里来玩时就能随时洗上热水澡了。"

"米袋子"和"菜篮子"的安全得到保障的同时,"水缸子"的安全也不容忽视。农村贫困人口饮水安全正是"两不愁三保障"的重要指标之一。全球21世纪的总目标之一就是保障安全供水,保障饮用水安全现也已经成为世界各国当前面临的主要挑战。如今,

二、人民生活方式的改变

获得安全、可负担及可靠的饮用水和卫生设施，不仅是一项基本生活水准权利，更是一方水土养育一方人的最好例证。

重庆大部分地区属于山地、丘陵，喀斯特地貌突出，坡地较多，呈现典型的"人在高处走，水在低处流"的特征，开发利用难度大。因此，重庆的许多地区缺乏安全的饮用水。让广大百姓用上清洁卫生的自来水，减少介水疾病传播风险，提高人民群众的健康水平，也成为了重庆脱贫攻坚的主攻方向。

饮水安全事关人民群众的生命安全和身体健康，解决农村饮水安全是民生关键，更是乡村振兴工作的重要任务。重庆市委、市政府坚持以人民为中心，层层落实责任，把农村饮水工程作为重点工程来抓：坚持因地制宜，统筹规划，全面破除农村饮水难题；在全面解决农村饮水的基础上，维护好饮水工程；摸清水质情况，为保障农村饮水安全提供科学依据；强化排查整治，认真做好农村饮水安全保障"回头看"工作，等等。

供水设施是保障农村贫困人口饮水安全的基础，2004年以前，重庆投入8亿元解决了人畜饮水困难地区245万人的有水喝问题；自2005年到2015年，投入110亿元，解决了1828万农村居民饮水安全问题，基本消除高氟水、苦咸水、铁锰超标等现象。从2016年起，重庆进入农村饮水安全巩固提升阶段，至今在供水工程的建设上累计投入71.24亿元，建成了44.9万处农村供水工程，覆盖农村人口达到2350.6万人。

"农村饮水工程能否持续有效运行，三分靠建、七分靠管。"在供水工程建成后，还需要运行管护才能彻底实现农村饮水从有水喝到喝好水的转变。"随时都有水，洗衣机的定时功能终于用得上了"；"水压正常了，热水器随时都可以用，洗澡不用再等到夜半三更了"；"用了多年的水缸终于可以退休了"……提起最近的用水状况，重庆居民们言辞中充满了喜悦。荣昌区荣隆镇葛桥社区九社脱贫户郑开伦家中也终于安上了自来水，他欣喜地向记者说道："以前喝的井水，饮水的质量没有保障，现在终于可以喝上经过严格过滤、消毒的自来水了。"与郑开伦一样喝上洁净自来水的农户在这个镇里还有不少，荣昌为全面解决农村饮水之困，紧盯贫困群众饮水安全精准排查不放松，建立了饮水安全"惠民补偿""普查评价""动态清零""跟踪核查"四项机制，以确保解水之困，不漏一村、不落一户、不少一人，截至2020年，荣昌区全区8806户、28443名困难群众的饮水安全保障问题已得到全面解决。

地处喀斯特地貌区的巫山县瓜瓢村，海拔达1000多米，是夏天纳凉的好去处。62岁的瓜瓢村六组组长李成先，回忆起曾经缺水的日子，不禁感叹："缺水啊，没有水，啥都搞不成。"由于缺水，许多村民纷纷搬离了瓜瓢村，对于留下的村民，李成先回忆说："没有搬走的村民就在地质条件允许的区域挖山坪塘积蓄'天河水'，种些烤烟、脆李、核桃等勉强维持生计。而'天河水'落下来就漏完了，也找不到泉眼。"

"如果遇到大旱的年份，没有'天河水'，那就要到三关水库去挑水，'两头黑'一天也只能挑三挑水。"吴大美说。到三关水库挑水不仅路程遥远，而且崎岖难行，时常有人跌倒。"水洒了，就只能坐在地上哭。"缺水，严重制约着瓜瓢村的发展。

为了解决缺水问题，建平乡党委书记向亚运和驻乡工作队队长向拥军几乎跑遍了瓜瓢村的犄角旮旯，在一次与村民不经意的闲话家常中，了解到山上有个天坑，听说坑里有水，一下雨还能听见哗哗的流水声，天大旱的时候，有人绑着绳子吊进天坑里舀

二、人民生活方式的改变

水。"一天能舀 20 来挑水呢!"村民张代芳与向亚运、向拥军闲聊时说道。

听张代芳这么一说,向亚运和向拥军再也坐不住了,两人立即决定一探天坑。天坑坑口很小,直径不超过 1.5 米,向下望去,黑黝黝深不见底。没有犹豫,向拥军和向亚运在腰上绑上绳子,拿着手电筒,先后"挤"进天坑。

"这天坑是个口小腹大的深瓶子,有 30 多米深,底下有个 100 平方米左右的溶洞,地上是厚厚的淤泥。"进入天坑的两人,借着手电筒的微光,在洞底一侧发现了一股清泉。欣喜万分的两人顾不上一身泥污,爬出洞口后,立即与巫山县水利局取得联系,并着手安排引水出天坑的各项事宜。

如今,天坑一侧的山体已被挖开,清洌的泉水经由水管引至洞外建好的容积 200 立方米的水池里,再经由水管分送到村里建好的 4 个蓄水池。"自来水管铺到了村里每家每户。"向亚运说。天坑里的这股水源,不仅能够解决瓜瓢村及邻村红石村合计 1000 余人的安全饮水问题,还能在很大程度上缓解瓜瓢村农业灌溉用水紧缺的难题。

"问渠那得清如许,为有源头活水来。"水利基础设施建设,不仅直接关系安全饮水,也是经济社会发展的重要保障。为了实现农村集中供水率达 88% 及自来水普及率达 85% 的目标,重庆市于 2021 年印发了《重庆市农村饮水安全"一改三提"实施方案》,通过改善农村供水设施饮水条件、提升人均可供水量、提升水质达标率、提高运行管护水平等措施,在地势较高、地形条件复杂、人口分散的地区,以完善净化、消毒和调节设备设施为重点,实施小型集中供水工程标准化建设与改造,提升供水能力。

为了打通农村饮水安全的"最后一公里",让群众喝上放心水,云阳也实施了农村饮水安全巩固提升工程,在凤鸣镇上游村、盘龙街道石楼村等地,一座座超滤膜村级水厂拔地而起。县水利局相关负责人介绍,相比较传统水厂生产工艺,超滤膜工艺过滤精度高,能够实时在线监测浊度,有效将浊度控制在0.1以下,可以极大减少消毒药剂的使用量,在节能降耗的同时,减少消毒副产物,实现出厂水质稳定达标,保障群众用水安全。"以前吃鱼塘水的时候,村民的健康、卫生无法保证,现在建了水厂之后,实现了自来水到家,卫生条件就大大改观;在超滤设备装好后,村民生活又提高了一个层次,毕竟这水达到了直饮水的标准。"凤鸣镇上游村副主任黄兵说。

云阳全面贯彻落实"节水优先、空间均衡、系统治理、两手发力"十六字治水方针,围绕"让农村群众吃上放心水"的总体要求,以农村饮水安全巩固提升为抓手,全面加强饮水工程建设和运行管护,已构建起"56座规模化供水工程为骨干、2393座小型集中供水工程为辅助、5528处分散式供水工程为补充"的农村供水体系,全县农村集中供水率达85%,自来水普及率达83.5%,水质达标率达85%以上。全县农村饮水安全条件得到根本改善,117.3万农村居民喝上放心水。到2025年全县农村集中供水率将达88%,农村自来水普及率达85%,水费收缴率达100%,农村供水工程布局将更加优化,运行管理体制机制将不断完善,工程运行管护的水平将不断提升,水质达标率将不断提高,到2035年云阳县将基本实现农村供水现代化。

云阳县的水利设施改造工程只是重庆市众多区县的一个缩影,水利改造的工作不仅需要从"0到1"的建设,也需要从"1到

二、人民生活方式的改变

2"的改造。

民以食为天，食以水为先。解决农村饮水安全问题是全面实现"两不愁三保障"的重要举措之一，是全面建成小康社会的重要环节。

改造更新之后，平时的养护和管理也尤为重要。逐一巡查全村11口蓄水池，是河嘴乡同心村人饮设施管水员汪永成每天工作的必修课。特别是雨后，面对引水管道可能发生的淤塞，例行的巡查还会变得格外细致。建立健全"建、管、护"的保障机制，是确保水利扶贫项目成果发挥长效作用的根本之策。在石柱县水利部门的指导下，同心村成立了村人饮协会，落实专职管水员机制，在同心村试点成功后，"同心经验"正在石柱复刻。针对人饮工程管理上的短板，2019年，石柱县水利局出台了《石柱县农村饮水安全工程运行管理办法》，成立县农村饮水管理协会，设分会31个，落实管水员209名，充分发动群众参与饮水安全工程管护，实现"以建蓄水、以管护水、建管结合、长效运行"安全饮水工程的良性运转，使得汩汩清水得以流入更多的农家。

纵观全域，2019年石柱全面摸排区域性、季节性缺水突出问题，实施农村饮水安全巩固提升项目178个，受益人口达9.07万人，基本实现死角死面全覆盖。全县农村饮水安全集中供水率增长0.5个百分点，达到88.5%。

在让老百姓喝上放心水的事业中涌现了无数先进人物，没有他们，再好的政策也落不到实处，百姓们的美好生活也就无法实现。谭治康是重庆市巫溪县水利局农村水利水电科的负责人。2016年以来，他坚决贯彻精准扶贫精准脱贫战略，成功帮助全县40余万名山区群众解决饮水难题，用心帮扶结对贫困户，用实际行动诠释了一名基层党员干部真情扶贫、服务群众的担当情怀。

全面建成小康社会重庆变迁志

"天上下雨山下流，雨停三天用水愁"曾经是巫溪县40余万山区群众用水的真实写照。2016年，谭治康主动承担农村饮水安全脱贫攻坚工作，决心让山区群众有水喝、喝好水。为解决胜利乡境内的缺水问题，他提出跨区域引水建议，还带着技术人员和乡镇干部一起规划工程建设方案。

2016年，县里采取三级提水的方式，解决了石峰村饮水问题。但由于村里缺人力、缺制度、缺技术，管理一直跟不上。2017年，谭治康创新提出了"三五户联管"模式，由相邻的三五户居民相互监督、轮流值管。试行半年，效果显著。谭治康在全县推广该模式，水利部田学斌副部长来巫溪调研时给予高度肯定。巫溪为解决贫困群众收入难题，安排了1000余名贫困户担任管水员。谭治康自己授课分片分期组织培训，平时又一个村一个村地跑，让这些贫困群众具备了管水技能，每人每年还可获得6000元劳务收入。

尖山镇尖山村郝章学、高泽秋是谭治康帮扶的两个贫困户，2017年开始帮扶时，谭治康看到两家人入户水管材质不达标，自己花1000多元为两家更换水管。郝章学家栽种了一批桂花树，但苦于品种不优，无法销售。谭治康托亲戚、找朋友，让郝章学家的桂花树变成了现钱。高泽秋的老伴袁伍芝体弱多病，谭治康长期把药买了送到他家。谭治康还将老人接到县人民医院作全面检查。得知老人的病可以办理慢病卡后，他主动去办理后送到老人手中。谭治康说，未来无论是巩固拓展农村供水脱贫攻坚成果，还是全面推进乡村振兴，他都将一如既往坚持为乡亲们做事，直到做不动的那一天。

2019年9月，一条长达46公里的引水管道，从文峰镇、塘坊镇穿山越岭而来，胜利片区1万余名群众自此告别了饮水难。这些年,谭治康走遍全县缺水地区,为寻找水源,无数次穿丛林、钻溶洞、攀悬崖,树林中被蚂蟥咬过,下天坑时摔伤过,但他无怨无悔。他一定要让农村群众不再缺水喝。五年来,在谭治康的谋划和参与下,全县修建调引堤工程800余处,2020年实现了安全饮水全覆盖。

解民渴、应民需。谭治康的事迹只是重庆市建设发展供水工程中万千水利工作者的一个剪影,像谭治康一样,披荆斩棘、栉风沐雨,发扬钉钉子精神,敢于啃硬骨头,攻克一个又一个贫中之贫、坚中之坚,一心为了人民、一心为了做好饮水安全工作的人物不在少数。大家都齐心协力,从发现问题到解决问题,筑牢城乡饮水安全网,确保农村贫困群众喝上安全水。如今,随着一条条水源管线向广大农村延伸,一股股安全水、放心水流进了千家万户,昔日困难群众过上了"水灵灵"的生活。汩汩清泉也为重庆大地注入强劲发展动力,处处展现着新重庆的蓬勃生机。

水利兴,百业旺。水源的安全是百姓们幸福的来源,重庆对饮水工程的重视,使得百姓们摆脱了"望天吃水"的困境,所有深度贫困地区的最后堡垒被全部攻克。如今各家各户都告别了苦咸水,喝上了甘甜的自来水,不用再从井中打水、从山上挑水,也不用再去过滤水中的泥浆,只需打开自家水龙头,清澈的水就流进了百姓们悠然的幸福生活中。

(三)义务教育全覆盖

建设教育强国是中华民族伟大复兴的基础工程,必须把教育事业放在优先位置，深化教育改革，加快教育现代化，办好人民满意的教育。要全面贯彻党的教育方针，落实立德树人根本任务，发展素质教育，推进教育公平，培养德智体美劳全面发展的社会主义建设者和接班人。推动城乡义务教育一体化发展，高度重视农村义务教育，办好学前教育、特殊教育和网络教育，普及高中阶段教育，努力让每个孩子都能享有公平而有质量的教育。完善职业教育和培训体系，深化产教融合、校企合作。加快一流大学和一流学科建设，实现高等教育内涵式发展。健全学生资助制度，使绝大多数城乡新增劳动力接受高中阶段教育、接受高等教育。支持和规范社会力量兴办教育。加强师德师风建设，培养高素质教师队伍，倡导全社会尊师重教。办好继续教育，加快建设学习型社会，大力提高国民素质。

1.义务教育

20世纪七八十年代流行一句话："再穷不能穷教育，再苦不能苦孩子。"国家要自立自强就必须重视教育、发展教育。

1986年，《中华人民共和国义务教育法》颁布，以此提升我国国民的综合文化素质，至20世纪末我国基本普及了九年义务教育。但是，在相对落后的贫困地区，仍然有许多适龄孩子因为贫困而上不起学。中国在2010年实施了农村义务教育全免费，真正落实了不让每一位学生因为贫困而上不起学。教育、文化等是广大农民最关心、最直接、最现实的利益问题，要把这些民生事情办好，新增教育、文化等社会事业经费要向农村倾斜。

在保证贫困家庭的孩子拥有受教育的机会以后，中国开始关注并逐步改善贫困地区的教育资源问题，颁布了一系列文件，如《关于全面改善贫困地区义务教育薄弱学校基本办学条件的意见》《乡村教师支持计划（2015—2020年）》《关于打赢脱贫攻坚战三年行动的指导意见》。而后，国家将帮扶的重心转移到对贫困学生进行"扶志"上面，改变学生依赖福利的思想，教育其要自立自强，通过学习实现自身的人生价值。

教育公平是社会公平的重要基础。必须不断促进教育事业发展成果更多更公平惠及全体人民，以教育公平促进社会公平正义，着力提高欠发达地区特别是贫困地区教育发展水平，发展全民教育、终身教育，加快建设学习型社会，大力提高国民素质，努力让每个人享有受教育的机会，获得发展自身、奉献社会、造福人民的能力。2021年2月25日，习近平总书记在全国脱贫攻坚总结表彰大会上宣告，"义务教育阶段建档立卡贫困家庭辍学学生实现动态清零"，"千百万贫困家庭的孩子享受到更公平的教育机会，孩子们告别了天天跋山涉水上学，实现了住学校、吃食堂"。

可以看出，中国教育扶贫是真真切切站在贫困学生的角度上为其着想的，更有不计其数的贫困学生通过这样的教育政策最终依靠自己的双脚走出了大山，去追求自己的梦想，去报效国家，并回馈家乡。

下面的两组数据，可以让人们清楚地看到教育扶贫取得的显著成就。

一是截至2021年建档立卡贫困户义务教育阶段适龄少年儿童全面实现义务教育有保障。其中，国家贫困县建档立卡贫困户适龄少年儿童中，98.83%在校就学，0.26%送教上门，0.91%因身体原因不具备学习条件、休学、延缓入学、已初中毕业等不在校。非国家贫困县建档立卡贫困户适龄少年儿童中，99.06%在校就学，

0.57%送教上门，0.37%因身体原因不具备学习条件、休学、延缓入学、已初中毕业等不在校。可以看出基本实现了义务教育全覆盖。

二是截至2021年国家贫困县中，有小学的乡镇比重达98.5%，有小学（教学点）的行政村比重达47.7%；所有的县均有初中，有初中的乡镇比重达70.3%；有寄宿制学校的乡镇比重达94.1%。

那么，重庆贫困地区的义务教育情况又如何呢？

重庆是一个深处西南地区，依山而建的大城市，别称"山城"，山路难建，走出去很难，因此在过去，有着一定数量的贫困地区。在信息、交通闭塞的年代，很多贫困家庭的适龄孩子因各种原因，而无法进入学校学习。

为了发展教育，斩断"穷根"，重庆积极响应国家政策，因地制宜，打通山路，将教育政策带进深山里，让村民走出去，让学生走出去！

2019年，全市义务教育学校数量达到3727所，在校学生达到317.8万人，义务教育巩固率达到95%。通过国家县域义务教育发展基本均衡督导认定，整体实现义务教育基本均衡发展。

教育资源的配置，在很大程度上决定了城乡教育水平的差距。为了确保贫困地区的学生也能享受到优质的课程资源，重庆不断加强农村学校教师培养配备，截至2021年，累计培养全科教师11000人，招录特岗教师17909名，集团化、学区化办学占比达60%。同时积极建设"渝教云"教育公共服务体系，开展"三个课堂"数字资源应用实践，在23个区县建成"同步课堂"456个。参与学区化、集团化办学的义务教育学校数量，达到全市义务教育学校总数的45%。同时，为了确保贫困地区的学生拥有良好的学习环境，重庆不断加强乡村小规模学校和乡村寄宿制学校建设。截至2020年6

月，下达建设资金8.3亿元，涉及项目学校1184所，学校校舍、运动场地分别完工11.4万平方米和12.6万平方米，3所学校作为乡村学校温馨校园建设典型案例被推荐到教育部。

荣昌盘龙镇永陵村田时琼的小孙女是重庆义务教育"学有所教"的典型例子，而永陵村的驻村工作队队长廖雪红便是那深入贫困地区无数扶贫工作人员中的一员。

廖雪红与同事在走访时发现一个十多岁的女孩坐在家门前发呆，而这个时候正是学生在校念书的时候。她怎么没去上学呢？于是廖雪红上前问："小朋友你怎么没去上学？"不出所料，小姑娘没搭理她，转头跑向了屋里。

廖雪红觉得这个小姑娘可能内向腼腆，大概是问不出什么，这事还是应该与家长沟通。于是她敲了敲院门，只见一个老太太颤颤巍巍地迎出来。在询问了廖雪红所来为何之后，老太太叹了口气说："娃儿苦啊，她老汉儿在外头打零工，她下头还有个弟弟，家里就我们三个老的少的相依为命，我又有慢性病，家里入不敷出，哪来的闲钱供她读书，饭都快吃不上了。"

廖雪红打量了屋里屋外，老人的衣服也都打着补丁，叹了口气，确实是穷啊，老人没说谎。但是，难道真的能因为贫穷而让尚不懂事的孩子就这样错失学习的机会吗？真的就一辈子继续这样穷下去吗？她心里一直在想：孩子这么小，不读书是不行的。于是她说："我也知道你们家庭确实有困难，我这里有个建议你们可以参考一下，能不能让娃娃去读职教中心呢？这样到时她也能学一门技能，毕业就能去工作。"

经过廖雪红耐心地解说职教的事情，奶奶说要跟女孩父亲商量一下，经过商量小女孩最终去职教中心读书去了。因廖雪红与校方的沟通，校方也了解了小姑娘的家庭情况，不仅给她减免学杂费，还提供了勤工俭学的岗位，并给予助学金每年3000元。廖雪红的建议让她重返校园，同时没给家里增添太多的负担，也让她走出了家门口，到外面的世界看看，有机会实现自己的梦想。

对于万州区天城镇陈家社区的朱家来说，他们家是不幸的，但同时也是幸运的。不幸的是，这个家是由年近花甲的两位老人扛起的，身患重症的儿子和年幼的孙女全都要依靠两位老人来照拂。老人一天天地变老，体力活也渐渐越来越干不动，怎么办？

扶贫干部来雪中送炭了，这也是朱家幸运的事情。2015年的一天，扶贫干部黄旺正往住家走的时候，在路上碰巧看到了这一家人。这一天是朱家儿子去透析的日子，雨淅淅沥沥地下，老人背着中年的儿子，孙女懂事地用稚嫩的双手努力为爷爷和爸爸撑起伞，从远处看去，她单薄但又坚强。黄旺远远看去心中五味杂陈，他心疼这个老人，心疼这个女孩，心疼这一家苦命人。从此，他常常来朱家，每次来不空手，不是带着油米面，就是带着给女孩买的衣服以及帮女孩搜集的各种学习资料，想力所能及地帮助这一家人。聊天时他也常常鼓励这一家人，特别是小女孩，叫她一定要读书，读书才能改变命运，要自立自强。

黄旺和妻子商量后，决定全力资助小女孩读书，直到她大学毕业。他不仅自掏腰包上万元用于小女孩学习，还积极发动社会爱心人士来资助她。在黄旺的帮助下，小女孩得以继续将书读下去，继续追求自己的梦想。黄旺用自己的爱来成就小女孩的梦想。

后来，老人的儿子最终还是因病去世，黄旺更加心疼这个从小就坚强的小姑娘，于是对她说："从今天起，我就是你的父亲！"短短一句话，充满了坚定与柔情，而黄旺将自己的那句话当成了一个

二、人民生活方式的改变

承诺。五年过去了，从小学三年级到现在的初中二年级，小姑娘成长了，长成了大姑娘，但身上那份坚定的信念却依旧在。黄旺看着她说："她就是我女儿。"

小女孩说："我一直都是一个很幸运的人，我的爷爷、奶奶、爸爸都很爱我，我们虽然很清贫，但是我们一直都过得很快乐。爸爸去世后，黄叔叔说我爸爸会在天上继续看着我长大，他会在我身边照顾好我。我很感谢黄叔叔，他是一个有大爱的人，我的目标就是成为一个像他这样的人，以后也要帮助无数个'我'。"世界上最为珍贵的就是真情，而黄旺的怜爱之情修复了小女孩折断的双翼，让她能继续追求梦想；同时，小女孩因受黄旺的影响也将这份情感继续传递下去。

人间处处是温情！

重庆的城口县是革命老区，也是国家级贫困县。脱贫攻坚战打响后，重庆师范大学对口帮扶城口。2016年6月，投资3亿元的城口附中正式招生。当时谁也没想到，这个学校以后会悄然改变这样一个国家级贫困县。

曾经这里的学生语文、数学两门课总分不超过100分的学生约占50%，如今该校在全县的期末测评中有5个学科排名第一；曾经城口县新招教师的报到率不足50%，去年城口附中新招的32名大学生全部到校任教；曾经学校里学生普遍缺乏自信，如今的他们洋溢着朝气与活力……

这些变化的发生离不开一个人，他就是重庆师范大学党政办主任、城口附中校长傅长波。"犟牛""疯子""拼命三郎""带着药罐下乡的大学教师"……这些都是外界给傅长波贴上的标签。

傅长波放弃市区舒适的生活，主动请缨担任城口附中的校长。

办学的关键除了硬件设施，首要的就是解决师资的问题。当时，城口县教委从县职教中心调来了48名教师。就这样，城口附中准备招生办学了。

傅校长与老师们开过一个座谈会，浅谈为何他坚持能力考核。他说："我出生在四川省阿坝州理县，城口县的儿童和我家乡的孩子们一样，都渴望知识，也都会有梦想。但是啊，却因为地理、贫穷等各种原因，他们接受不到好的教育。我就想，尽自己最大努力让他们接受最好的教育，帮助、支持他们追求自己的梦想，阻断代际传递的贫困……"那个时候，傅校长身患疾病，这个身高1.84米的康巴汉子因病两个月瘦了50斤，讲话也没有力气，讲一会儿，歇一口气，喝一口水。傅长波的话深深打动了在场的教师，他们理解了傅校长。合格教师队伍的存在对于这些学生来说十分重要，马虎不得。

担任校长以来，傅长波尽其所能为学校的教师寻找培训资源，如重庆师范大学组织的国培项目、市教科院的"送教下乡"、15天的岗前培训。如今，从县职教中心调过来的这批教师不少已成为学校的骨干力量。以往城口对外招教师很难整，报到率往往不足50%，但2018年城口附中新招的32名大学毕业生，全部到了城口附中工作。

让傅校长背上"疯子"之名的事不少。比如，在城口附中实行分层走班教学制度。城口附中最初的生源底子并不好。2017年招收的初一新生中，语文、数学两科加在一起总分100分以下的孩子，约占新生总数的50%。为了教好这样的学生，傅校长提出了分层走班教学的方法。分层走班教学即针对数学、物理、英语等比较难的几门学科，将原来自然班的学生按成绩的前50%和后50%，

二、人民生活方式的改变

傅长波跟学生们在一起（王雪梅 摄）

分为A层和B层，然后走班。A层课程相对难度要大一些，B层课程相对难度要小一些，这样水平不一样的学生就有了一个选择的机会。这个分层还会根据学生考试情况动态进行调整。最开始大家觉得有点麻烦，但后来发现，这是一种适合乡村教育的教学方式。成绩好的不会吃不饱，成绩差的也不会跟不上。

在傅校长全面、严格的要求下，城口附中的教学质量、学生的学习成绩与综合素质等都得到了显著提升。2018年孩子秋季入学时，傅长波不仅用毛笔亲手写了一封封的录取通知书，还颇具创意地设计了走红毯的开学典礼。典礼上，每一位家长牵着孩子的手走过红毯。在红毯尽头，孩子与父母深情拥抱、告别。将孩子的手交给班主任老师后，父母会在留言墙上为孩子写下祝福的话语。在场每位家长和孩子无不深深感受到傅校长对教育倾注的爱。

少年强则国强！义务教育是提升国民素质的基础，实现社会公平的起点。接受义务教育是公民的基本权利，实施义务教育是政府的重要职责，支持义务教育是全社会的共同任务。曾经有部电影《一个都不能少》，可以说是对贫困地区孩子受教育权得到切实保障的真切描述。让贫困地区的每一个孩子都能去上学，都上得起学，无疑是一个民族追寻幸福的最大底气。

2.特殊教育

特殊教育是中国特色社会主义教育的重要组成部分，发展特殊教育是推进教育公平、实现教育现代化的重要内容，是党带领人民为争取人权、尊重人权、保障人权、发展人权而进行的不懈努力，是以人为本理念、人道主义精神的弘扬，是保障和改善民生、建设人民满意教育的题中之义和必然要求。2014年3月20日，习近平总书记在致中国残疾人福利基金会的贺信中说，残疾人是一个特殊困难的群体，需要格外关心、格外关注。让广大残疾人安居乐业、衣食无忧，过上幸福美好的生活，是我们党全心全意为人民服务宗旨的重要体现，是我国社会主义制度的必然要求。改革开放以来，在国家方针政策这面大旗的指引之下，重庆市政府大力推动特殊教育的改革与发展，初步形成了现代特殊教育体系。

习近平总书记在2014年5月16日会见第五次全国自强模范暨助残先进集体和个人表彰大会上的讲话也指出，残疾人是社会大家庭的平等成员，也是人类文明发展的一支重要力量。改革开放以来，在党和国家关心重视下，在社会各界支持帮助下，我国广大残疾人和残疾人工作者，高举中国特色社会主义伟大旗帜，积极投身改革开放伟大事业，坚持弘扬人道主义精神，推动我国残疾人事业

二、人民生活方式的改变

上了一个大台阶，开创了一个蓬蓬勃勃的局面。我国广大残疾人生活状况有了根本性改变，成为推进改革发展稳定的一支重要力量。

（1）恢复

1978年党的十一届三中全会拉开了改革开放的序幕，新中国教育事业迈入了全新的发展阶段，特殊教育事业也随之步入一个全新的发展阶段。1982年，残疾人教育第一次被写入了我国的根本大法，这给特殊教育的恢复调整正式按下了开始键。随后，中央在1985年进行教育体制改革时提出"发展盲、聋、哑、残人和弱智儿童的特殊教育"，特殊教育开始作为一种独立的教育类型进入国家政策。跟随着中央的信号，重庆也迈开了恢复调整特殊教育事业的脚步，首先试办了5个弱智儿童辅读班，填补了重庆市弱智教育的空白。

经过数年的努力，重庆特殊教育重新走上了正轨，一个包含盲、聋、哑教育和弱智教育的特殊教育体系初具雏形，为特殊教育的进一步发展奠定了基础。

（2）初始

特殊儿童接受义务教育的权利与义务终于在1986年义务教育法中得到明确，在法律政策的保障下特殊教育驶入了规范化的发展轨道，特殊教育的发展速度也渐渐提升了起来。百年大计，教育为本。教育大计，教师为本。为增强特殊教育的师资力量，1991年，西南师范大学筹建了特殊教育专业，致力于为重庆特殊教育教学研究培育人才。

1995年，重庆市通过多渠道筹措经费500多万元，并设立20万元专项补助为部分盲童学校增添现代化教学设备，极大地改善了当时特殊学校的办学条件，为特殊儿童的世界点亮了颜色，也给他们的人生提供了全新的可能性。1996年，部分有条件的区县开始为特殊学校学生提供专项经费支持，以保障特殊儿童能进入学校学习和生活。例如，荣昌县每月会为每位特殊学校在校生提供50元补助，为特殊儿童提供额外的物质支持，可推动孩子们走入校门，迈出改变人生的第一步，也是最重要的一步。

在社会各界多方的共同努力下，这一时期重庆特殊教育办学规模、师资力量都有一定提高，办学条件得到了很大的改善，更是出现了以江津县为代表的在全国都具有影响力的特殊教育先进县。

（3）加速

1997年，重庆直辖市成立，万县、涪陵和黔江划入重庆，特殊教育规模迅速扩大，特殊教育的发展掀开了全新的一页。1998年，重庆市选定大足、荣昌为"资助试点"，极大提升了两地盲、聋、弱智儿童的入学率。进入21世纪后，随着改革开放的不断深入，社会经济持续发展，教育事业经费也迅速增长了起来，特殊教育的经费也更加充裕。为保障特殊儿童的学习和生活质量，重庆市为在校残疾儿童、少年制定了教育经费和生活补助标准。从2009年起，残疾儿童在校生生均财政预算内教育经费、生均公用经费按照不低于普通学生生均公用经费的5倍的标准执行，寄宿的贫困残疾儿童也按照相应的标准给予了足够的生活补助。

重庆特殊教育事业还获得了来自社会各界的关爱支持，许多企业积极履行着自己的社会责任，通过资金捐赠的方式为孩子们不幸的人生带来温暖和希望。2004年，北大方正集团向市聋哑学校捐赠100万元，重庆协信集团向市盲人学校捐赠100万元，中国残联出资50万元支持重庆办一所特殊教育高中。点点星火汇聚起来，就可以点亮特殊儿童曾被蒙上阴霾的人生。部分特殊学校也积极开辟新的渠道，通过举办校办工厂的形式，既可以帮助学生更直接有效地学习到实用的职业技术，又在一定程度上拓宽了办学的经费来源。多渠道的经费筹措为重庆特殊教育发展打好了基石，奠定了坚实的物质基础。

进入21世纪，重庆特殊教育的办学层次也得到了丰富，部分区县在义务教育的基础上，还开展了学前期"三残"儿童早期康复教育工作，让特殊儿童可以更早开始享受接受教育的权利。一些特殊教育学校还开设中专班和大专班以兴办职业技术教育，例如市盲校、聋校开办了职业高中，给特殊人群提供覆盖更加全面的教育资源。

2004年，重庆特殊教育专门委员会成立，各区县也相继设置特殊教育的研究机构，开展教育教学研究。重庆师范大学更是争当全国特殊教育领域的排头兵，建立了国内第一个省部级特殊教育重点实验室——重庆市特殊儿童心理诊断与教育技术重点实验室，将重庆乃至全国特殊教育的研究水平都提高到了一个新的层次。

这一时期重庆特殊教育的经费投入不断增加，办学条件得到较大改善，办学层次也向中等教育与高等教育两端延伸，相关教学研究受到重视后，办学规模和质量更是得到明显的提升。

（4）深化

2010年，重庆市开始从布局体系、学校建设、学费经费和师资建设等方面进行全面规划，多头并进全速加快特殊教育的发展步伐。

2013年，重庆就初步形成了以重庆市特殊教育中心为骨干、36所区县特殊教育学校为中心、3300所随班就读中小学为基础的特殊教育服务体系，1.56万名适龄"三残"儿童免费接受义务教

北碚区特殊教育学校，课堂上一名同学完成了拼图作业后，陈晓荣老师竖起大拇指鼓励他（万难 摄）

育，入学率达95%以上，特殊儿童的教育权已经基本得到了实现。重庆还设立了特殊教育的专项经费，残疾儿童接受义务教育不收取任何费用，这大大减轻了残疾儿童家庭的经济负担，让残疾儿童上学读书不再成为奢望。

2011年，《重庆市残疾人保障条例》为重庆市特殊教育发展提供了法律支持。教育事业发展总体规划和教育发展评价考核体系将残疾人教育纳入进来，安排专项资金为残疾人教育的发展提供物质保障，全面普及残疾儿童和少年九年义务教育，以保障残疾人享有平等接受教育的权利。2014年和2018年，重庆还先后制定了第一期、第二期《特殊教育提升计划实施方案》，进一步保障了残疾人受教育的权利，重庆市政府为提升特殊教育的水平不断努力着。在特殊教育促进政策的引导下，重庆市特殊教育的管理体制不断完善，推动了特殊教育事业持续深入发展。纵观新时期的重庆特殊教

二、人民生活方式的改变

育，体系更健全、布局更合理。特殊教育事业进入了一个全新的发展阶段。

习近平总书记在2014年5月16日会见第五次全国自强模范暨助残先进集体和个人表彰大会上讲话强调，中国梦，是民族梦、国家梦，是每一个中国人的梦，也是每一个残疾人朋友的梦。我们都要凝心聚力，在实现人生梦想的同时，共同推进中华民族的美好梦想早日实现。各级党委和政府要高度重视残疾人事业，把推进残疾人事业当作分内的责任，各项建设事业都要把残疾人事业纳入其中，不断健全残疾人权益保障制度。各级残联要发扬优良传统，切实履行职责，为残疾人解难、为党和政府分忧，团结带领残疾人继续开创工作新局面。

从党的十七大"关心特殊教育"到党的十八大"支持特殊教育"再到党的十九大"办好特殊教育"，不仅仅是用词的变化，更是党和政府对特殊教育问题关注的不断提升，这为特殊教育的快速发展创造了条件。在特殊教育事业发展中，重庆始终坚持实事求是的基本原则，立足实际条件设定目标、制定战略、稳步推进特殊教育的改革与发展，严格遵循"先试点，再总结，逐渐推广"的科学流程。重庆市根据各区县经济社会发展水平，因地制宜，分阶段设立实施目标，对不同地区发展特殊教育作出了不同要求，开展资助残疾儿童、少年接受义务教育试点工作，着力提升全市盲、聋、弱智三类残疾儿童入学率。在残疾儿童、少年义务教育普及工作取得重大进展的基础上，重庆市积极探索残疾学生职业技术教育和高等特殊教育，以满足残疾青少年更高层次的教育需求，更好地帮助其完成社会化。在重庆市政府的合理规划和分步实施下，重庆市特殊教育事业顺利推进，形成了具有重庆特色的现代特殊教育服务体系。

3.职业教育

职业教育是国家教育事业的重要组成部分。重庆作为西部地区极为重要的制造业基地，也是现代职业教育体系国家制度建设试验区。重庆市为了推动经济发展、促进就业、改善民生、解决"三农"问题，一直在大力发展职业教育。这对缓解劳动力供求结构矛盾起到了关键作用，为重庆经济社会发展提供了有力的人才和智力支撑。

改革开放以来，重庆一直高度重视并积极发展职业教育，调整职业教育结构，改革和发展职业学校，创新职业教育模式，初步形成了现代职业教育体系。直辖以来更是进一步积极改革职业教育体制，控制职业教育规模，促进职业教育持续的内涵式发展。面对产业结构调整和行业更新发展的新时代背景，重庆积极推进职业教育改革，紧跟行业发展前沿，关注产业实际需求，构建适应产业升级的现代职业教育体系。党的十八大以来，重庆职业教育在统筹推进"五位一体"总体布局和协调推进"四个全面"战略布局中快速发展、不断壮大，实现了历史性的新跨越，站在了新的起点。重庆市委、市政府高度重视职业教育法律政策的贯彻实施，根据重庆职业教育的发展具体情况，制定了相应的实施条例和法规，对职业学校保障措施、法律责任、产教融合的主要任务、组织实施等作了明确说明，在大方向上为职业教育体系的发展作出指示，并提供了强有力的制度支撑，为重庆市职业教育的良好发展保驾护航。

（1）重建

党的十一届三中全会以来，国家提出大力发展职业教育，重庆一直积极响应国家政策，1979年4月，重庆市政府会议决定调整中等教育，试办职业教育。重庆第35中学、第80中学相继在高二年级两个班大胆进行职业教育试验。从1980年开始，重庆市在压缩普通高中的同时积极发展职业技术教育，改革和新办了一大批职业中专和职业中学。1980年5月，重庆市为半工半读教育制度恢复名誉，迈出了城市改革中等教育结构的第一步。

1981年后，部分公、民厂办中学陆续申请办职业高中，市教育局积极支持，第一时间从教育经费中拨出了17万元补助公办、民办职业高中班，每班分到了2000元用以添置急需的专业设备和图书资料，并聘请和培训专业课教师，为职业高中班的顺利开展提供了坚实的物质基础。

1983年1月，重庆市政府成立了重庆市技术教育教材编辑委员会，当年就顺利出版了农学建筑、园林、蚕桑畜牧等专业教材19种，使全川农村职业高中学生有了专业课本，初步改变了借用大专教材的尴尬局面。在这一阶段，重庆职业教育得到重建。

（2）起步

1985年，中共中央作出了关于教育体制改革的决定。重庆选择将发展职业技术教育作为改革的突破口。大力发展职业教育就要调整中等教育的结构，改革劳动就业制度。

在政府的倡导和支持下，重庆职业技术教育得到迅速发展，整个中等教育结构趋于合理，各类中等职业技术学校共计248所，招生29113人，占全市高中一级学校新生总数的47.5%。经过1986年重庆市教育局对学校网点布局和专业设置的调整，及学校图书资料和实验设备的充实，职业教育教学质量及职业学校办学成果得到了提高和巩固，重庆市职业中学取得了新的进展。到1990年底，中等职业学校为重庆各项建设培养了成千上万的中、初级技术人才。

1993年，重庆市职业中学进一步扩大"五放开，一自主"的改革试验，使职业教育得到迅猛发展，招生人数迅速增长35.3%，第一次超过了普通高中招生。

1994年，重庆市政府倡导职业技术教育建立新的办学模式，进一步放开搞活推进职业教育发展，建立校企合作办学体制，实现校企合一、供需一体。渝州大学、重庆教育学院与重庆市旅游学校、重庆教育管理中专等联办五年一贯制高职班，开展双证制的高职教育；三峡联合大学面向三峡库区，招收高职学生900人。由此，中等职业学校教育稳步前进，全市职高招生人数都大幅增长，超计划完成任务，到1996年，重庆中等职业学校已经取得了更进一步发展。

在经国家教委正式批准的296所国家级重点职业中学中，重庆市有3所，占四川省的1/3。进入20世纪90年代后，重庆市在发展高等职业教育时密切结合自身的经济发展需求，有效地促进高等职业教育的稳步发展。

（3）深入

1997年重庆直辖市成立，为重庆职业教育发展带来了新的契机。职高学校虽有所减少，但校均规模有所扩大，内部体制改革进展顺利，也呈现出蓬勃的良好发展势头。1999年，中职学校开始与高职学校、普通高中实施合并、共建、联合办学来改变其结构布局。

但在2002年前后，出现了中职学生生源急剧减少的现象。国务院召开了全国职业教育工作会重点讨论了这一问题，确立了中等教育普职比例相当的政策，提出要深刻认识职业教育在社会主义现代化建设中的重要地位。2004年后，我国职业教育开始实行综合

二、人民生活方式的改变

在北碚区职业教育中心，学生们在老师指导下学习汽车发动机维修知识（秦廷富 摄）

性的管理体制，建立职业教育工作部际联席会议制度，并建立职业教育改革与发展的试验示范基地，以"城校互动"的建设模式带动职业教育发展，这是我国职业教育管理体制在21世纪作出的重大转变。

2006年，重庆市加快适应新型工业化进程，推进职业教育跟进工业经济结构调整，一些职业院校适应社会经济发展的要求，主动撤销如保险、文秘等一些社会适应性较差、就业率较低的专业，建设和发展了一大批如工业机器人、云计算等新兴专业，基本形成与地区经济发展相匹配的职业教育体系。2009年，重庆市实施科教兴渝支撑战略，促进高新技术行业稳步发展，同时大力推进基础教育、职业教育和高等教育改革发展。

为推动三峡移民安稳致富和库区经济社会发展，重庆市政府大力发展职业教育，服务百万库区移民，着力"五个创新"，促进"四个扩大",达到了"三个基本满意"的效果。这些举措对重庆市职业教育发展产生了重要影响,至此重庆现代高等职业教育体系的面貌基本形成。

(4) 创新

2010年,国家正式明确了现代职业教育体系外部适应性、内部适应性和自身协调性的三大属性。这就对职业教育的新时代发展提出了做优中等职业教育,做强高等职业教育,建立现代职业教育体系的更高目标。2011年,重庆市制定了《重庆市教育事业"十二五"规划》。这推动了重庆职业教育体系结构更加合理化,职业教育的发展质量持续提升,发展机制更加可持续。

2018年,重庆市把职业教育放在了更加突出的地位。重庆全市中等职业教育积极适应经济发展方式的转变和产业结构升级调整需求,加强基础能力建设,深化教育教学改革,不断提高职业教育办学水平和人才培养质量,全面提高了重庆中等职业学校办学水平、教育质量和服务能力,提升了职业教育支撑经济社会发展、产业结构升级、改善民生的能力。2019年,重庆市实施"双基地"建设计划,在建筑工程技术、信息与通信技术、物流管理、老年服务与管理、汽车运用和维修技术五个领域试点了8000人的规模,以促进职业教育更进一步的发展。在市政府的积极改革下,重庆市职业教育基本形成了普职规模大体相当、中职和高职教育有机衔接、学历教育与职业培训兼顾的良好格局。

重庆职业教育始终坚持专业服务产业的需求,面向产业结构调整需要,积极建立专业结构调整互动机制。根据重庆市支柱产业和新兴产业结构的调整方向,重点扶持和发展与"6+1"支柱产业、"2+10"战略性新兴产业和现代服务业、现代农业等产业发展相适应的专业群，严格控制增设就业指向不明确的专业，有效对接市场实际需求，实现专业的动态调整，以优化重庆区域、学校的专业布局，促进重庆教育链与产业链的有机衔接。

近年来，重庆市积极推进职业教育课程和教学模式创新，积极遵循目标效益原则、依托行业原则开展以能力为核心的课程设计，并积极探索改进新的职业教学模式，形成了以学生为中心、以能力和素质为根本的新教学模式。以"园校互动""城校互动"等特色项目推动职业教育内涵式发展，将16个职业教育园区作为试验点，开展"园校互动"。在第六届高等教育国家级教学成果评奖中，重庆所获奖项等级和数量均位居西部第一。

重庆市始终坚持政府主导进行统筹规划、综合协调及过程督导，以企业为主体，面向市场，探索多元办学模式，积极创新办学体制机制，充分发挥行业企业作用，大力推进职业院校和企业合作，促进职业院校和企业共同发展。为加强职业教育与行业的联系，重庆市政府还成立了行业协调委员会，将其作为重要载体，在搭建毕业生就业平台、建设实习实训基地等方面展开协作，以促进学校和企业之间的联系。重庆城市职业学院就与北京海天装饰集团合作共建了环境艺术设计专业，校企双方实现了全方位合作，通过优势互补促进共赢进步。2018年，由重庆市政府主导和提倡举行了首届中国和德国职业教育与产业发展高峰论坛，重庆市政府与同济大学共建中德重庆跨企业培训中心与中德职业教育联盟西部中职示范基地，积极推进了职业教育产教融合的创新发展，调动了社会各方面力量发展职业教育的积极性。

（四）安居宜居终实现

加快推进住房保障和供应体系建设，是满足群众基本住房需求、实现全体人民住有所居目标的重要任务，是促进社会公平正义、保证人民群众共享改革发展成果的必然要求。各级党委和政府要加强组织领导，落实各项目标任务和政策措施，努力把住房保障和供应体系建设办成一项经得起实践、人民、历史检验的德政工程。

"安得广厦千万间"，对于中国人而言，房子不仅具有居住的实用性功能，更是承载了一个家庭的情感。一座有历史的房子，可能见证了一个家庭的酸甜苦辣生活，见证了几代人的童年，也见证了岁月的印记。房子对人民来说，有着极其重要的生活保障意义。因而，保障住房安全成为了脱贫攻坚中重要的领域之一。

2015年，中共中央、国务院颁布的《关于打赢脱贫攻坚战的决定》明确了住房目标，即到2020年，稳定实现农村贫困住房安全有保障。为了推进这一目标的实现，2016年住建部、财政部、国务院扶贫办联合发布了《关于加强建档立卡贫困户等重点对象危房改造工作的指导意见》，聚焦建档立卡贫困户、低保户、农村分散供养特困人员和贫困残疾人家庭等四类重点对象，加大财政资金支持力度，大力推广加固改造方式，兜底解决特困户住房安全。2018年，中共中央、国务院发布的《关于打赢脱贫攻坚战三年行动的指导意见》提出，要集中力量支持深度贫困地区脱贫攻坚，加快补齐贫困地区基础设施短板。

自党的十八大以来，脱贫攻坚中的农村危房改造工作取得了历史性成就。至2021年，建档立卡贫困户全面实现住房安全有保障。其中，国家贫困县建档立卡贫困户中，43.74%现住房鉴定或评定

二、人民生活方式的改变

安全,或有其他安全住房居住;42.25%通过危房改造政策实现住房安全;14.01%通过易地扶贫搬迁实现住房安全。非国家贫困县建档立卡贫困户中,58.26%现住房鉴定或评定安全,或有其他安全住房居住;34.70%通过危房改造政策实现住房安全;7.04%通过易地扶贫搬迁实现住房安全。

重庆依山而建,地理环境复杂,村庄分布也相对零散,村与村因地理、交通因素沟通不便,经济水平不同,住房条件也是千差万别,而在贫困地区素有"千面坡、万道梁,满山都是土坯房"的说法。

为了提升农民的生活幸福感,重庆积极响应中央号召,对建档立卡贫困户、农村低保户、农村分散供养特困人员、贫困残疾人家庭四类重点对象,严格按照"鉴定安全、改造安全、保障安全"三种分类,采取"看、听、记、拍、传"的方法逐户核实住房安全有保障情况,完成住房安全等级鉴定84.8万户,动态改造农村危房31.17万户,农村大量贫困户昔日黑暗潮湿、破败不堪的土坯房、危旧房,变成了通风透气、焕然一新的安全房、放心房,实现"危房不住人,人不住危房"。严格危房改造验收,加强技术指导和监督管理,编印《重庆市农村D级危房拆除重建通用图》等62套图集规范导则,保护了乡情美景,留住了乡愁记忆。例如,大足区下好组织保障、精准识别、过程监管、对象排查"四步棋";荣昌区坚持细字当头、稳字托底,把好危房改造质量关,危旧房改造成效明显,受到国务院通报表彰。重庆于2012年完成农村危房改造12.5万户,共建成农民新居6.02万户;于2013年全面启动"美丽乡村"建设,将新农村建设与"美丽乡村"建设融合共建;于2015年共投资128.35亿元,用于改善农村人居环境,改造农村危房10.88万户，高山生态扶贫搬迁11.48万人，完成了12.81万户农村卫生厕所建设；于2016年，改造农村危房7.56万户，其中建卡贫困户农村危房3.04万户，高山生态搬迁安置12.46万人，完成12万户卫生改厕。2018年至2020年，全市围绕"6+3"重点任务，扎实推进农村人居环境整治三年行动。2018年完成危房改造4.75万户，新增农村改厕39.8万户，累计改厕449.4万户，农村卫生厕所普及率达72.6%；2019年完成危房改造3.93万户，旧房整治提升16.6万户，完成农村户厕改造45.09万户；2020年实现所有贫困人口不住危房，完成住房安全等级鉴定84.8万户，动态改造农村危房1.27万户，完成贫困人口易地扶贫搬迁25.2万人，全市累计完成改厕106.9万户，农村户用卫生厕所普及率达82.9%。2021年，重庆市农村人居环境整治工作领导小组印发了《重庆市农村人居环境整治五年提升行动实施方案》（2021—2025年），为全面推进乡村振兴、加快农业农村现代化、建设美丽中国助力。

一排排巴渝民居依山就势、鳞次栉比，贫困群众实现了安居宜居。

蒋冀是一名一线扶贫干部。工作在云阳县养鹿镇中山村。对于村民住房有保障，他最有发言权。

"你看，唐先祥家的房子就从旧居变成了新房。"唐先祥一直在外务工很少回家，其房子年久失修已成危房不能住人。因此，当唐先祥返乡后，蒋冀及其他驻村工作人员高度重视唐先祥的房子问题，不能让人有家不能回。于是他们积极动员唐先祥重新修缮房屋，向其宣讲政策与福利，最终唐先祥一家人乐呵呵地搬进新房里，再也不用担心外面下大雨、屋里下小雨的情况发生。

二、人民生活方式的改变

在多次入户走访的过程中蒋冀还发现，虽然村民们目前基本都能实现"两不愁三保障"，但人居环境还有待提高，特别是厕所。过去农村的大部分厕所条件十分恶劣，蝇虫满天飞，恶臭漫天，于是他发起了一场"厕所革命"！他鼓励大家，购买并安装三格式化粪池并验收合格的村民，可拿到1500元/户的限额补贴，村民纷纷报名，"厕所革命"就这样拉开了序幕。

蒋冀说："'厕所革命'只是第一步，接下来我们还将通过改厨、改院坝等工程，着力提升整个中山村的村容村貌，提高村民的生活质量，提升生活幸福感，这是我们的责任。"

蒋冀只是无数个扶贫干部中的一员。这些扶贫干部都将脱贫事业视为己任，都将让农民过上好日子作为自己的奋斗目标。蒋冀说，工作虽苦虽累，但是看到村民的日子一天天好起来，每个村民脸上都洋溢着幸福的笑容，再苦再累也心甘情愿。

2019年6月，重庆市合川区双槐村八组的胡朝寿老人搬到了新房里。胡朝寿以前住的房子还是他父母留给他的穿斗房，早已历经近百年的风吹雨打，而后又因年久失修成了危房。

幸得保障住房安全政策，73岁的老人才有机会搬到新家里。新家取水用电方便，老人说起他的新家就有些哽咽："我都七十三了，还有机会住这么好的房子，我是真的想不到。感谢政府，感谢国家！"七旬老人说出了最诚挚、最质朴的话。

重庆多为山区，地貌复杂，这就意味着旧房改造的模式不能搞"一刀切"，需要因地制宜，方式要多多益善。除了直接拆旧屋盖新房的方式，也有因原来的地方不适合盖新房而另搬到别的地方安家的情况。石柱县中益乡坪坝村因病致贫的村民谭弟槐就是这种情况。他们一家享受易地搬迁政策，搬进了坪坝村居民点后住上了新房子，实现了安居梦。

对他来说，新的居民点与外界的联系、沟通更为便利，公路直通到家门口，院落宽敞明亮，家里水、电、气一应俱全，生活十分便利。"以前我们住在偏远的高山上，下山根本不方便，山路也不好走，哪个能跟外界联系到嘛！真的就是靠山吃山，靠水吃水，我们村一代代人就是这么过来的。"谭弟槐脸上洋溢着喜悦之情，"但是啊，国家还记得山沟沟里的我们，国家没抛弃我们，我们困难，国家就搭把手，拉我们一把，让我们过上了好日子，我进城打工也更加方便，我们家日子是越过越好啦！"

在2017年以前，中益乡传统民居多为穿斗房，由于长年累月的风雨侵蚀加上年久失修，多数穿斗房都破败不堪，居住在危房中的低保户、贫困户及残疾户达133户，群众居住条件亟待改善。经过地方政府的努力，该乡做到了让每个村民都能住上安稳房，新建易地扶贫搬迁集中安置点4个，安置农户278户、889人（其中贫困户107户、346人），完成D级危房改造75户，C级危旧房改造583户，老旧房屋宅基地复垦537户、249亩，实现脱贫对象100%住房安稳；完成农村人居环境整治1390户，全乡实现清洁改厨改厕全覆盖，卫生厕所普及率达100%，提高了村民的生活质量，真正把"忧居"转变为"优居"。

彭水县三义乡是易地扶贫搬迁市级示范安置点。在安置点，我们可以看到宽敞的公路穿过整个村庄，家家户户门口都连接着公路，每户的房子都是崭新的，且都是两层的小楼。谁能想到这是易地扶贫搬迁过来的呢？

村子里环境也十分优美，微风吹拂着树叶发出沙沙的声音，鸟儿在枝头叽叽喳喳地唱歌，远处的烟囱不时冒着袅袅炊烟，好一幅

二、人民生活方式的改变

惬意美好的乡村画卷，仅仅是这样看着，就足以让人心旷神怡了。三义乡曾是重庆18个深度贫困乡镇之一，作出易地搬迁的决定不容易。"我们祖祖辈辈都生活在山上，土地也在山上，我们怎么活？"这个问题一直是村民们的顾虑。对此，三义乡做了很多努力，三义乡莲花村驻村工作队第一书记金辉介绍说："我们引入了亚庆洪邦农业股份有限公司，研究开发食用菌新产品、开发推广无土栽培有机蔬菜等现代农业，通过完善利益联结机制，企业、村集体和入网户都可以参与利润分红。"这样，村民不仅可以搬下山住上新房子，也可以通过自己的辛勤劳动与公司合作赚钱。下山后交通也便利了许多，像外出务工的村民也会较以前更方便地走出大山。离安置点不远处，一排排规整的温室大棚映入眼帘，这是占地30亩的食用菌种植加工基地。基地下方还有一个集冻库、加工车间、货物中转站等于一体的配套厂区。

"经过这段时间的生活，我才真正觉得之前的担心是多余的，山下的生活条件也要比山上好，发展机会也多，我们靠着政府搬下了山，这是政府给我们的机会。搬下山后，我要努力工作脱贫，不辜负政府的期望，自力更生，不仅要脱贫，更要致富！"村民王胜权越说越激动。这样的激动里流露着他对新生活的期盼与向往。他渴望用自己的双手致富，不再像"伸手党"那样向国家伸手。人穷志不穷！

三义乡将易地扶贫搬迁与种植业、养殖业、旅游业结合起来，发展烤烟、中药材、特色养殖和高山蔬果四大脱贫产业，让搬迁的农户真正能够搬出来、稳起来、富起来。

徐兴林已经70多岁，年纪大了，觉得金窝银窝不如自己的狗窝。即使山下的住房条件再好，他依然对山上的老房子恋恋不舍，有所眷恋。但是随着他与邻居的接触越来越多，时不时就坐在屋门口与邻居拉家常，也逐渐适应了新的生活。他说："刚搬下来的时候不习惯，生活环境完全不一样，与安置点的其他住户也不熟悉，只能待在屋里。但是仅仅过了两三个月，我就适应了这里的新生活，与周围的人都熟悉了，没事的时候就在街上散散步，晚上大家一起看电影，热闹得很。"

对于搬迁群众来说，住进的是"新房"，失去的是"老家"，房子不等于家，但家却需要一个安全的房子作为庇护。只有让搬迁群众对新房有了家的归属感，脱贫致富，全面小康的生活才会有真正的幸福感。

（五）交通出行更便捷

习近平主席在第二届联合国全球可持续交通大会开幕式上指出，交通是经济的脉络和文明的纽带。纵观世界历史，从古丝绸之路的驼铃帆影，到航海时代的劈波斩浪，再到现代交通网络的四通八达，交通推动经济融通、人文交流，使世界成了紧密相连的"地球村"。

自党的十八大以来，中国的交通发生了历史性的变化。人们的出行方式发生了巨大变化。出远门常用的交通工具从以前的大巴、绿皮火车变成了高铁、飞机。国家交通基础设施也日益完善。中国有全球最大的高速铁路网，不断更新换代的列车，在给乘客提供更加舒适的服务的同时也在提高车速，缩短出行时间，如今最高时速已经达到了350千米/时，至2021年，我国高速铁路对百万

二、人民生活方式的改变

重庆市江北区五里店立交（李彬 摄）

以上人口城市覆盖率超过了95%；有全球最大的高速公路网，高速公路像蜘蛛网一样遍布全国各地，高速公路对20万以上人口城市覆盖率超过了98%；还有世界级的港口群，航空航海通达全球。现如今，坐飞机不再是奢侈品，又舒适又便捷。目前，民用运输机场覆盖了92%以上的地级市。另外，还有北京大兴国际机场、港珠澳大桥、京张铁路、上海洋山港自动化码头等重点工程相继投入使用，共享单车、网约车等新兴交通运输工具也在蓬勃发展，这些都极大提高了交通运输效率，也成了中国的名片。

要想富，先修路。路通了，里面的人才能走出去，外面的人才能走进来。因此，交通对于脱贫攻坚来说是至关重要的，是贫困地区人们走向脱贫致富的大门。

全面建成小康社会重庆变迁志

  党的十八大以来，交通运输部安排贫困地区公路建设的车购税资金超过11570亿元，带动全社会投入超过4.8万亿元，在2021年国家脱贫攻坚普查公报（第四号）中显示，国家贫困县中通硬化路的行政村比重达99.6%，其中具备条件的行政村全部通硬化路。

  重庆是一座江城，也是一座山城，重庆依山而建，长江、嘉陵江穿城而过，将主城一分为三。纵观重庆公共交通的变迁史，我们可以深刻感受到时代的发展与变化。新中国成立以前，重庆的交通工具有滑竿、柴油汽车、轮渡和缆车，这些交通工具分别在它们各自的年代充当主力军。新中国成立以后，20世纪50年代无轨电车拖着两条长长的"辫子"进入人们的生活；70年代由于石油短缺，头顶天然气包的汽包车是公交的主力军；到了80年代有了长江索道，在那个时候索道扮演着江北区、南岸区到渝中区重要交通工具的角色，而到了今天索道的运输功能被轨道交通所代替，经过装修改造，索道又承担起了旅游观光的任务，成为一处必去的旅游打卡地点；轨道交通极大地便利了重庆居民的出行，使被两江分割的三地往来便利。因依山而建，重庆的轨道交通也十分有特色，例如有轨道穿楼而火遍全网的李子坝站，还有弯道最大接近90度让乘客享受过山车般体验的平安站等，吸引了无数游客前来体验观望，而对于重庆人民来说，这些早已见怪不怪，成为他们生活中的一部分了。

  重庆人民充分发挥了"逢山开路、遇水架桥"的精神，城市道路建设取得了长足发展。2021年底，城市道路通车里程达6026公里，其中快速路506公里，主干路1207公里，次干路1598公里，支路2715公里，基本形成"1环5横6纵3联络"快速路网结构，城市路网不断完善，城市交通基础设施互联互通水平持续提升。根

二、人民生活方式的改变

游客在李子坝轨道交通2号线下观景平台，拍摄"轨道穿楼"并与之合影（崔力 摄）

据2022年住建部权威发布的《中国主要城市道路网密度与运行状态监测报告》显示，我市主城区城市道路网密度达7.1公里每平方公里，为全国第10座突破7公里每平方公里的城市。

对于一些相对贫困的区县来说，建一条走出去的路是迫在眉睫的事情。都说"靠山吃山"，但一些村民却因路的问题无法"吃山"，农副产品、中药材运不出去，卖不了钱，纵然守着"金山银山"，依然贫穷。年逾古稀的村民提起以前的生活经历直摇头。在他小时候，村民要出山，只有走险象环生的小路，如遇下雨天那就是没法走人。如果感冒了，就喝点咸菜水或辣椒汤，然后蒙着被子发汗，把寒气逼出来，但如果生大病，就只有"硬扛"。修路，只有修好了路，产品才能运出去，人才能走出去，才能摆脱贫困，走上致富的道路。

85

党的十八大以来，重庆市委、市政府一直高度重视交通脱贫。2012年，重庆新建、改建农村公路0.8642万公里，行政村通畅率达到75%，重庆公路密度居全国第五、西部第一；2015年，建设农村公路1.1万公里；2016年，新改建农村公路0.9万公里，全市行政村公路通畅率达100%，完成撤并村通畅工程0.3万公里，建设村社便道0.746万公里；2017年，建成村社便道0.7857万公里；2019年，新建"四好农村路"2.5万公里、建成入户便道0.6762万公里；2020年，建设通组公路4.48万公里、入户道路2.15万公里，农村公路通车里程超过16万公里，所有行政村通上硬化路，村通畅率由2015年的87%提高至100%；2021年，建成"四好农村路"0.333万公里、农村入户道路0.26258万公里。条条新路盘山梁、通组到户宽又畅，我们可以看出，重庆一直在踏踏实实地修路，为村民们走出大山而努力，而对于村民们来说，与外界更加便利的联系使他们的生活发生了翻天覆地的变化。

沪蓉高速公路滑石寨大桥在晨雾中延伸（刘辉 摄）

二、人民生活方式的改变

石柱县中益乡全兴村毗邻黄水"大风堡"国家4A级景区，是"一河三溪三槽六山"地貌特征，山山相勾连，小溪潺潺流，正所谓是风光无限好。随着交通越来越便利，外地到这里休闲、旅游的游客也就多了起来。人们在这里可以甩掉都市的繁忙与烦恼，静心沉浸在这美好的自然之中。

公路的建成不仅便利了出行，更是带动了全村经济发展。没有公路，游客就不能到这里休闲放松，这里的特产也送不到外面去销售。路通了，来游玩的游客络绎不绝，随之而来的商机也有很多。许多之前在外务工的村民都陆陆续续返乡创业，开办起了依托旅游业的农家乐、民宿等，且规模在不断扩大，服务质量也在不断提升，村里农特产的销售生意也越来越红火。正因为如此，中益乡离贫穷也越来越远了，走上了致富的道路。

"如果没有这个路，不管多好的农特产品，都走不出这个山里，外面的人尝不到它的美味，我们也没法以此来赚钱，走上致富之路；不管再壮丽的秘境，都无人知晓，更别说开发旅游景点了，现在路通了，来旅游的人也多了起来，我们也实现收入稳定增长了。"中益乡全兴村官心组已脱贫户、年近花甲的黄玉英谈起家门口公路扩建畅通后给村里带来的诸多便利时，喜悦之情溢于言表。

黄玉英还把在外务工的儿子叫回了家，母子俩将三间住房整理出来，办起了"黄水人家·沁悦园农家乐"，因往来的人一直络绎不绝，生意一直红红火火。儿子不用外出打工在家门口也能赚到不少钱，母子俩脸上都洋溢着幸福的笑容。

"原来没通路的时候，我们这里的好东西像黄连、竹笋、蜂蜜、山菇这些绿特产品基本没有销售的，都是自产自用，农民守着'金山'却无法将'金山'变现，现在好了，路通了，我们这'金山'

就能变现啦!"中益乡乡长刘登峰介绍说,"路通后,自驾的游客多了,黄连、香菇等特色农产品很好卖了,洋芋和红苕等高山食品都成了抢手货"。

广大干部群众艰苦努力,办成了许多过去想办而没有办成的脱贫大事,解决了许多长期想解决而没有解决的攻坚难题,贫困地区发展驶入"快车道"。"十三五"时期,14个国家级扶贫开发工作重点区县、4个市级扶贫开发工作重点区县GDP年均增速7.6%,比全市平均增速高0.4个百分点。贫困区县农业产业结构有效调整,产业聚集度明显提升,每个贫困区县培育1个以上扶贫主导产业,新发展柑橘、榨菜、中药材、茶叶等扶贫产业2151万亩。过去"养儿养女不用教、酉秀黔彭走一遭",如今基础设施"巨变"、产业发展"蝶变"、农民生活水平"质变"、人居环境"嬗变"、思想观念"蜕变",下山农民安居乐业、上山产业兴旺红火,进山旅客络绎不绝、出山产品畅销四方。脱贫地区处处呈现山乡巨变、山河锦绣的时代画卷。贫困地区干部群众认为,脱贫攻坚使当地发展提前了10年。

巫山县老鹰村位于官阳镇西北,接壤巫溪县兰英乡,是巫山最偏远、条件最艰苦的贫困村之一。老鹰村村名,源于境内深逾500米、绵延十几公里的老鹰沟。

在2001年以前,这里只有一条宽不足30厘米的"毛毛路"与外界相通。走出老鹰村需要历经下沟、爬崖,再上坡、翻山、下坡……山路险峻且难行,天不亮就出门,到官阳赶个场,也要下半夜才能走回家。王远太曾在老鹰村雾溪阳坡村校任教,因为路不通,孩子们的教材就靠他从官阳场镇背进山,书太多了,一次背不完,要分几次,这样下来,光背书进山也要背上好几天。郑芳雄家

二、人民生活方式的改变

里养了几匹骡子，因此与大多数村民相比，出村带货回来要方便一些。但不幸的是，在2010年初，两匹骡子失足摔下了象鼻子崖，就连如此灵活的骡子都会失足落崖，足以见得山路何其险峻。

说起这条路，就不得不提到刘典元，他曾任官阳镇副镇长、老鹰村第一书记、驻村工作队队长，是一位有着31年党龄的老党员。正是刘典元牵头，和村干部一起，带领村民一起修路。这一修就是18年。这18年间，他总是在为这个事情忧心、奔波，路修不好，他就睡不好一个踏实觉。

2001年10月，在刘典元筹集了10万元资金后，村级公路开工了，两个月修了1公里。刘典元暗暗安慰自己：万事开头难，开了头，就不难了。可是谁承想，之后的困难却接踵而至。

第二年，当刘典元雄心勃勃准备大干一场时，钱，却成了最大的问题。交通局、农委、扶贫办等所有相关的部门的门槛都快被刘典元踏平了，却也没等到多少钱，但是有多少钱，就建多长的路，只要有钱，建设就不能停，就这样一年下来只修了1.5公里的"毛毛路"。

当"毛毛路"修到杜家湾时，更大的麻烦来了。这里的地势险峻，高耸的崖壁无法绕过去，于是刘典元带附近几个村子的400多名村民用钢钎和铁锤挖隧道，挖了两年，但结果却不尽如人意，只在山肚子里转了个圈，隧道挖成了"9"字形。实际上，这个隧道只有短短100多米，但是因为缺少技术人员和设备，无法定位，村民们只能摸索着打隧道。后来，刘典元找来技术人员重新定位后，于2004年打通了这个隧道，但仍然保持了"S"形。这个在今天被村民称为"杜家湾洞子"的隧道，依然呈"S"形。

后来，这条路修到了老鹰沟的阴坡，就是当地人说猴子都爬不过的三面崖。大家都有些气馁，但是刘典元坚持继续修，即使把命丢在这里也要打通这崖壁。于是路就这样修了下去，就这样，5年后，大槽、二等崖、山王庙的崖壁上，3.5公里的绝壁路打通了！但是这3.5公里，每一步都修得异常艰难。

2010年8月的一天，天气晴好。刘典元说，那天的事，他这辈子是忘不掉了。

午后，山王庙崖上，两名工人正在打炮眼，准备装填炸药。不幸的事情只发生在一瞬间，突然，崖顶就垮下来了。刚才还活生生的两个工人，瞬间被碎石掩埋……

"人死不能复生，可总得给人把身体都找回来。"刘典元和村民、工人刨了三天三夜，也只刨出了大部分，"家属说不刨了，但要记得他们把命留这儿了。"

对于活着的人来说，只有一个信念——把路打通，替逝者实现没有完成的梦想，这也是对他们最好的祭奠。

2015年至2016年，利用烟草专项资金，官阳场镇到黑毛垱的"毛毛路"得以硬化，并加装了防护设施。2017年，巫山县交委全面接手老鹰村村级道路建设项目。

路继续修着，且也已经修至象鼻子崖下。然而，象鼻子崖这短短100米的崖壁，却又成为了一个巨大的挑战。崖顶有一块向外突出的巨大岩石，崖下又是滑坡带，因为滑坡，大型机械设备无法立足作业；如果使用爆破，又会引起山体崩塌，对环境造成巨大破坏。而且在象鼻子崖下的河沟两侧，还散居着一些村民，滚落的岩石势必会危及村民的生命财产安全。

"现在拟定的方案是在崖下搭建脚手架，并做好防护措施，由工人利用铁锤和钢钎开挖。"潘远国介绍。如果天气条件允许，这

二、人民生活方式的改变

100米有望在两个月内打通。

这100米，让老鹰村的一组至六组和七组至十组，被隔成了两个世界。七组至十组到场镇很方便，50分钟的车程，大部分东西都能运进来，可是对于一组至六组的村民来说，要想坐车到官阳场镇，就要转道巫溪县兰英乡西安村，从西安村到通城镇，再从通城镇转车到巫山县大昌镇，然后从大昌镇转车到官阳场镇，即使不算转车等待的时间，单程也要接近4个小时。

2017年12月25日，《重庆日报》曾深入报道了老鹰村村民修路的艰难，引起了巫山县委、县政府的高度重视，并组织了巫山县交委、扶贫办等多个部门在老鹰村召开现场会，推进老鹰村公路建设。终于在2018年的时候，这条修了18年的路通了！老鹰村的村民终于摆脱了天不亮出门，半夜才能到家的困境。对于老鹰村的人来说，幸福生活随着路通的这一天也悄然来临了。

当代"愚公"巫山县竹贤乡下庄村党支部书记毛相林同志立下誓言："山凿一尺宽一尺，路修一丈长一丈，这辈人修不出路来，下辈人接着修，抠也要抠出一条路来。"他带领村民修路，牺牲了6人，花了7年时间，终于在绝壁上凿出一条长8公里的"天路"。他先后获得"时代楷模""全国脱贫攻坚楷模"荣誉称号，在全国脱贫攻坚总结表彰大会上，习近平总书记第一个对其颁奖。

过去贫困地区"千面坡、万道梁，满山都是土坯房"，"吃水靠抬、煮饭靠柴、交通靠走、通讯靠吼"，如今已是"条条新路盘山梁、通组到户宽又畅，产业基地务工忙、户户住上安稳房"，"吃水不用抬、煮饭不用柴，小车开进来、雨天不脏鞋"的崭新面貌。乡亲们说："做梦都没想到，变化这么快、这么大、这么好！"

三、筑起守护生命健康的堡垒

健康是促进人的全面发展的必然要求，是经济社会发展的基础条件，是民族昌盛和国家富强的重要标志，也是广大人民群众的共同追求。没有全民健康，就没有全面小康。只有不断提高全民健康水平，将"人口红利"转化为"健康红利"，才能为全面小康提供不竭动力。在重庆市委、市政府始终把增进人民健康福祉放在优先发展战略地位，牢固树立"大卫生、大健康"理念，以推动高质量发展为主题，坚持以基层为重点，以改革为动力，预防为主、防治结合、中西医并重，以实干实绩谱写卫生健康事业新答卷。

（一）守望相助全方位筑牢防疫线

"人的命是最重要的人权。我们保住了这么多人的命，这是我们最大人权的表现。"钟南山院士的这句话，道出了生命至上的人权真谛。生命权是最重要也是最基本的人权，在全面建成小康社会过程中，我国也一直在努力保障中国人民的生命权。2020年突如其来的新冠肺炎疫情，对我国人民的生命权造成了重大的侵害。但

三、筑起守护生命健康的堡垒

在疫情发生后,中国一开始就提出把人民生命安全和身体健康放在第一位,党中央在全国范围内调集最优秀的医生、最先进的设备、最急需的资源,全力以赴进行抗疫救治,在这场空前严峻的疫情防控阻击战中,中国用行动诠释了"人民至上、生命至上"的价值追求。

1.黑云压城

2020年1月,庚子新春开春之际,全国人民正热火朝天准备过年,殊不知一场旷日持久的危机正潜伏着。

1月23日凌晨2时许,武汉市疫情防控指挥部发布通告,23日10时起,机场、火车站离汉通道暂时关闭。交通运输部发出紧急通知,全国暂停进入武汉市道路水路客运班线发班。国家卫生健康委等6部门发布《关于严格预防通过交通工具传播新型冠状病毒感染的肺炎的通知》。23日至29日,全国各省份陆续启动重大突发公共卫生事件省级一级应急响应。

一方有难,八方支援。在武汉暴发疫情之初,全国各地医疗队伍都积极响应驰援武汉。习近平总书记说:"广大医务人员白衣为甲、逆行出征,舍生忘死挽救生命。全国数百万名医务人员奋战在抗疫一线,给病毒肆虐的漫漫黑夜带来了光明,生死救援情景感天动地!"在这其中,不乏许多重庆抗疫英雄,他们迎难而上,展现了大无畏精神和深厚的家国情怀。

2.无畏之师

重庆医科大学附属第一医院重症医学科主任周发春,是重庆市支援湖北第八批医疗队副领队。2020年2月12日深夜,正在永川定点医院值班的他接到任务，紧急驰援武汉。当日，武汉单日新增确诊人数过万，在武汉机场到驻地途中，街上看不到一个行人。每个队员神色凝重，但并非源于对病毒的恐惧，而是来自他们肩上不容有失的责任。他们知道，他们此行，是为了支援湖北、保护武汉！

2月14日上午，周发春等接到指挥部命令：下午4点进病房接收病人。"我是党员，我先上！"81名党员请战，临时党支部凝聚着坚定的意志和决心。10名医生、15名护士率先进入隔离病房，接管武汉市第一医院两个重症病区，争分夺秒，不到3小时，收治了70名重症患者。

2月21日，81岁的患者李奶奶病情恶化，必须紧急进行气管插管有创机械通气，但ICU病房满员。眼看着病人的血氧饱和度急剧下降，生命随时可能中止。"建临时ICU，马上插管！"周发春当机立断，队员们全力配合，呼吸机迅速到位，人员即刻到岗，不到两小时，各项准备工作就绪。临时ICU不是负压病房，插管时患者气道开放，直接暴露，感染风险很高，但队员们没有丝毫退缩，快速完成气管插管、呼吸机治疗，病人血氧饱和度马上回升，病情得到及时缓解，队员们从死神手中夺回了生命。

在武汉市第一医院，一位50多岁的患者在经过半个月治疗后，因仍难以脱离无创呼吸机而失去治疗信心。周发春对他说："你不是想去重庆吗？我们教你说重庆话，坚持下去，你一定会好起来的。我们在重庆等你！"康复出院时，该患者含着泪说："感谢重庆医疗队给了我第二次生命！"

"你以性命相托，我必全力以赴！"在周发春团队的患者当中，重症及危重病例高达76%，老年患者居多。一位80多岁的患者说："别累着你们，也不想拖累子女了。反正也没有特效药，就让我走

三、筑起守护生命健康的堡垒

吧!"但在他们的眼里,每一个生命都同样珍贵。在队员们耐心开导、悉心照料下,这名患者重拾生活下去的信心,积极配合治疗,最终康复出院。

在武汉的46天里,第八批医疗队共收治患者119名、治愈113名,其中危重患者75名。身为医疗组组长,周发春带领队员们竭尽全力挽救每一位患者的生命。在全体队员的努力下,重医附一院支援武汉国家医疗队,在进驻武汉市第一医院的10支国家医疗队中创造了"五个第一":第一个建立临时ICU;第一个实施ECMO救治;第一个提供心理危机干预;第一个采用中药煎剂治疗;第一个开展肺康复训练。他们用真情和爱心关怀着每一位患者,"每一个奇迹,都源于不抛弃、不放弃"!

重庆市人民医院脊柱外科主管护师简富琼是重庆市支援湖北第四批援鄂医疗队队员。她和8名队友在"武汉会客厅"方舱医院工作。他们负责的病区接纳了200多名患者,每位护士需要同时护理20名至30名病人,工作异常繁杂。为了减轻患者的压力,队员们特意学了湖北话,折了千纸鹤,还在每只千纸鹤上写了加油鼓劲的话。

"趁休息的时间,我和我的队友们在网上学习叠千纸鹤,熬了好几个晚上,叠了几百只,并在每只千纸鹤上写上加油鼓劲的话。当我看到病人情绪不好时,就把千纸鹤送到他手里,让他们感受到我们真情的鼓励。"简富琼分享了她在方舱医院的经历。"如果再让我选择一次,我依然会勇敢逆行,固守生命之舱!"简富琼表示。

病人们除了面对身体上的疼痛,还要应对心理上的巨大压力。简富琼希望通过教会病人叠千纸鹤,拉近病人和医护人员之间的距离,让病人知道医护人员值得托付和信任,让病人能够重拾微笑、树立战胜病毒的信心。

3. 英雄凯旋

整整齐齐去,平平安安回。2020年3月29日,重庆最后一批援鄂医疗队回家了。

去时白衣执甲,归来掌声鲜花。下午4时24分许,两架搭载重庆支援武汉医疗队313名队员的航班OQ2098、OQ2398先后降落在重庆江北国际机场。早已等候在停机坪上的消防车瞬间喷出了水柱形成"水门",重庆用民航界最高礼遇"过水门"为凯旋的英雄接风洗尘。

"一来到武汉,驻地酒店热情地为我们医疗队服务,每天换着花样为我们做重庆口味的饭菜,给我们送鲜花和水果,爱心车队的志愿者随叫随到,风雨无阻地送医护人员上下班,义工为我们免费理发。"重庆第三医疗队队员、北碚区中医院护士詹静说,"感觉大家就像一家人,每天的生活都正能量满满。"在武汉的每时每刻都令她感动。

"有位阿姨看到我们走出酒店,就一直朝我们喊'谢谢你们来武汉救治我们,谢谢你们为武汉拼过命'。"第三批重庆支援湖北医疗队医疗专家组成员、重医附属儿童医院PICU副主任医师符跃强说。朴素的语言却传达出了最真挚的情谊。"飞机落地的一刹那,心里想的是,我回家了!"整整57天过去,符跃强消瘦了不少。回想起出征前的场景,他依旧动容。"我们一家人都全力支持我,疫情当前,必须要有人逆行。"即使早就作好思想准备,妻子还是哽咽了起来。"唯一对我的嘱托就是保护好自己,平安归来。"11岁的女儿开始没有说什么,后来偷偷把新年压岁钱塞进了爸爸行李箱的衣服里。"突然感觉孩子长大了!"

三、筑起守护生命健康的堡垒

自2020年1月26日起,重庆连续派遣18批1636名医疗队员驰援湖北,在武汉、孝感、天门、荆门等抗击新冠肺炎疫情最前线,与当地医务人员并肩作战。按照中央统一部署,重庆支援湖北医疗队于3月18日开始有序撤离湖北,随着最后一批313名队员抵达重庆,至此,重庆支援湖北医疗队圆满完成支援湖北抗击新冠肺炎疫情任务,实现了"病人救治打胜仗、医疗队员零感染"的目标。截至3月26日,重庆医疗队累计管理患者4299名,其中重型患者447名,危重型患者128名,累计出院2494名,累计护理患者4357名,累计培训当地医护人员9576人次;检测新冠病毒样本28312个(其中,协助完成样品检测11763个),完成人群流行病学调查682例,监督巡查重点场所、医疗卫生机构471个。

使命已达,一个不少,英雄已归家,生活将如常。

4.生命的防线

武汉是抗击新冠肺炎疫情的第一个城市,但不是最后一个。全国各地援助武汉的同时,新冠肺炎疫情也蔓延到了中国其他城市,重庆也未能幸免。在重庆本地,同样也出现了许多坚守岗位,以自己的力量守护着重庆市民、坚决抗击疫情的平凡英雄。

(1)与病毒赛跑

"虽然我们向战胜新冠病毒迈进了一大步,但依然任重道远。"2020年10月19日,在走出重庆市抗击新冠肺炎疫情表彰大会会场时,重庆医科大学校长黄爱龙这样说道。

2020年3月,重庆两款试剂盒获国家药监局批准上市,正式投入临床应用。这是我国自主研发、全国首个获批上市的化学发光法新冠病毒IgM/IgG抗体检测试剂盒。黄爱龙正是这两款新冠病毒抗体检测试剂盒研发项目负责人。

"我们必须要做点什么。"2020年1月21日,国家卫生健康委确认重庆市首例输入性新冠肺炎确诊病例当天,从事病毒研究30多年的黄爱龙决定,开展与新冠病毒相关科研攻关。

那时,重庆医科大学已经放假,很多师生都已陆续离校。由于疫情管控越来越严,能够返回实验室的人并不多。黄爱龙把仅剩的几个学术骨干召集在一起,结合实验室的技术储备、设施设备等资源,确定应急科研攻关的主攻方向——免疫诊断试剂。

黄爱龙解释,病毒学诊断需要核酸诊断和血清学、免疫学诊断配合,当时国内已有多家公司可以提供核酸检测试剂产品,但免疫诊断试剂还是空白。

靠一己之力显然不行,黄爱龙想到了重庆医科大学的校友刘萍。"她创建的博奥赛斯生物科技有限公司,从事化学发光试剂和仪器研发生产已有十余年。"黄爱龙说。当天,他一个电话找到刘萍,两人一拍即合,迅速达成合作协议——利用磁微粒化学发光方法,共同开发新冠病毒IgM/IgG的免疫诊断试剂盒。重庆医科大学负责抗原设计、制备以及试剂盒的临床试验,博奥赛斯负责试剂盒组装、产品报批和批量生产。

为了争取时间,他们采取了"双线并行"的方式——实验的每个环节都是两组人马同时独立推进,每个实验都是一人加样,一人检查复核。两组人马铆足了劲。早上8点,实验室里已经有人在做实验;晚上12点了,谁也不主动离开。

当时,课题研究的材料十分缺乏,所需要的原料和耗材地跨重庆、天津和上海,疫情期间全国物流几乎停运,该如何解决这迫在眉睫的问题?

三、筑起守护生命健康的堡垒

最终，博奥赛斯安排专人，采用接力的方式，乘坐飞机来回取送这些物品。为了避免被隔离耽误时间，负责取送的人员在三地往返，不出机场。负责协助抗原规模化制备的重庆派金生物科技有限公司，原本春节期间已经停工，在这个节骨眼上，也火速复工，全力支持这项研究。

在各方支持下，实验室的研究进展迅速，特别是6个重组抗原的基因克隆、表达纯化和验证，课题组仅用了48小时即完成，这在平时至少要5天。

然而，2月3日，当首批试剂盒被制备组装出来后，临床验证的结果却让大家陷入一片阴霾。"我们设计的6个抗原，只有3个纯化效果较好，可用于免疫检测，其他的效果都不好。大家的心情都非常失落，饭都吃不下了。"汪德强坦言。

时间不等人，得赶紧找到解决问题的办法。"那两天，大家都泡在实验室里，手上的工作一直紧张进行着，每个人都不怎么说话，实验室里充斥着压抑和紧张。"蔡雪飞说，"最晚的时候一直忙到凌晨4点，休息四五个小时后，又继续做实验。"

作为整个项目的负责人，黄爱龙更是焦急万分，只要没有公务，他都泡在实验室，时刻关注着实验进展。晚上回到家后，他躺在床上翻来覆去睡不着，凌晨2点多又回到学校。旁人眼中温文儒雅的校长，着急时甚至还发起了脾气。

经过反复改进和验证，2月6日，初步组装的基于表位肽和重组抗原的化学发光试剂盒各项性能都基本达到预期设定指标。

虽然试剂盒研制取得成功，但还需进一步提高其稳定性、灵敏性和特异性等。为此，学校科研处处长袁军7次往返重庆主城和万州。同事还戏谑他："古有孔明六出祁山伐魏，今有袁军七下万州战'疫'。"2月的春天很冷，但袁军手心都是汗，最里层的衣服也湿透了。

同为临床验证课题组的成员，陈娟是实验室老师中唯一的"女将"。高压力高强度工作，让她的身体开始吃不消了。"有天早上起来，感觉自己像心衰病人一样，老是觉得气促，呼吸不过来。"陈娟说。当时她抱着氧气瓶吸了半个小时，才慢慢缓过来；放下氧气瓶后，她又进了实验室。

终于，在大家的共同努力下，40天后的3月1日，新冠病毒IgM/IgG抗体检测试剂盒获批上市。

"当时大家还在实验室忙碌，听到消息后立马欢呼起来，沉闷很久的实验室终于有了笑声。"陈娟说。

3月3日，抗体检测被国家卫生健康委印发的《新型冠状病毒肺炎诊疗方案（试行第七版）》纳入新冠肺炎的确诊依据。9日，团队研发的7个新冠抗体检测试剂盒又获得欧盟CE认证，正式获得进入欧盟市场资质。

（2）科学防疫

习近平总书记强调，使所有社区成为疫情防控的坚强堡垒。疫情来势汹汹，社区是疫情防控的第一线。

南湖社区是典型的老、旧、散小区，共有6464户、22173人，没有物管，排查难度很大。"白天，一套旧桌椅、一把体温枪；晚上，一顶旧帐篷、一个暖手袋，就这样，在天寒地冻之中，一守就是3个多月。"作为一名社区党员干部，重庆市南岸区花园路街道南湖社区党委书记余建回忆起和同志们如何坚守"最后一米"。余建带领工作人员一家一户地网格化排查，在主要通道和楼栋设置疫情防控监测点，构筑起社区疫情防控的坚固防线。

三、筑起守护生命健康的堡垒

渝能阳光社区有居民6830余户、19800多人，租赁户和流动人口较多，新冠肺炎疫情防控难度较大。依托"社区党委—小区党组织—楼栋党小组"的组织体系，辖区13个党支部、37个党小组构筑起最坚实的战斗堡垒。

南方上格林小区通过党建引领，加强群众组织力，小区党总支把活动室改成临时抗疫指挥部。73岁的党总支书记、业委会主任周洪裕担任小区防疫总指挥，既要照顾96岁老母亲，又要统筹调度小区防控工作，高强度运转两个月。业委会副主任朱凯负责防线组织，抗疫期间，他递交了入党申请书，他说："这份入党申请书就是我的请战书！"

始终把人民群众生命安全和身体健康放在首位。正值非常时期，严控人员出入，给群众的生活也带来了不便之处。"我得去给孩子买奶粉。""我得去给母亲买药。"针对居民的现实问题，党员服务队积极行动，不辞辛劳充当采购员和快递员。"90后"党员柏雪步行数十里，辗转10多家药店，衣服湿了又干、干了又湿，为焦虑综合征患者连夜送药，对方感动得热泪盈眶。疫情期间，党员服务队先后为108名慢性病患者买药送药，给467户独居老人、居家隔离户送去食物。

一个支部就是一座堡垒，一个党员就是一面旗帜。在疫情面前，社区干部和党员同志们奋力为人民建起坚实的堡垒。

（3）我是警察

在抗击新冠肺炎疫情的战场上，全市公安机关4万余名民警始终与党同心同德、与全市人民心心相印、与各级各部门并肩作战，以最高站位和最佳状态全力打好疫情防控阻击战，用忠诚和担当践行了人民公安为人民的初心使命，用坚守和付出向党和人民交出了一份优秀答卷。

"沧海横流，方显英雄本色。"在这场疫情大考中，全市公安民警闻令即动、迎难而上、冲锋在前。

沙坪坝区公安分局丰文派出所所长曾国华含着泪水讲述了亲密战友潘继明的故事。抗击新冠肺炎疫情的战斗打响后，丰文派出所成立了疫情防控突击队。做心脏搭桥手术不到半年的潘继明第一时间申请加入。短短一周时间，他就带领同事完成了3万余户、近8万人的入户排查任务。2020年2月16日上午，正在开展疫情防控宣传的潘继明突发心脏病倒在了油菜地里，用生命诠释了一名警察的责任与担当。

民警吴限亮大年三十晚上刚回到辽宁老家就接到战疫号令，他立即告别亲人火速归队，投入紧张战斗。民警罗键主动请缨到集中隔离点值守，冒着被感染的风险坚持24小时不间断巡逻，全力维护隔离点秩序。

"我是警察我先上""我是党员看我的"成为抗疫战场上重庆公安最响亮的口号，由上万名民警组成的200余个"党员突击队"，哪里需要哪里上、哪里危急哪里冲，让鲜红的党旗始终在抗疫一线高高飘扬。

（4）党员担当

张骥是重庆市第32中学校一名党员教师。面对突如其来的新冠肺炎疫情，他带领亲人和学生，主动隔离，自觉作为，防止疾病传播。疾风知劲草，张骥老师的所作所为凸显了一名中国共产党员的自觉和担当。

作为一名基层共产党员，通过电视新闻早就了解到新冠肺炎疫情的张骥，在儿子回家探亲时，防患于未然，就立刻开始了在家

三、筑起守护生命健康的堡垒

自我隔离模式，与社会其他人隔离，阻止疾病的蔓延。并且，他主动告知和配合沙坪坝区远祖桥社区、沙坪坝区石井坡派出所的调查和防控指导。在家隔离，面临的最大问题就是吃饭问题，他科学安排家庭生活，坚持不出门，让全家人白天足不出户，或者看书学习，或者上网了解时政，或者锻炼身体，挺过病毒潜伏最长期，孩子回家团聚的20多天来，吃光了家里所有能够吃的东西。

疫情就是命令，防控就是责任。他多次电话谢绝亲戚朋友聚会的邀请，并千叮咛万嘱咐亲戚朋友，不组织和参加聚集，在家待着就是为国家和人民作贡献。作为班主任老师，他充分利用网络平台和电话，上传下达，坚持每天上午向学校汇报班级学生的情况，同时给家长和学生宣传防控知识，进行心理辅导。

陈鹏是重庆市沙坪坝区覃家岗小学校的一名老党员，同时也是一名专业的书法教师。自从开展抗疫期间"停课不停学"线上教育教学工作以来，陈鹏老师一直尽自己最大的努力上好书法课。

陈老师为了让每个学生在课堂上都有所作为，他采取软笔硬笔并行的方法，一方面紧扣教材落实教学内容，另一方面要求没毛笔的同学采用钢笔按相同要求进行书法，并补充一定内容。他让学生先观察字中笔画的形态、书写方法、笔画位置、结构搭配等，以便在以后毛笔练习时能更快更好。

作为一名老教师，陈鹏老师对电脑操作并不熟练，所以他决定利用手机软件"钉钉"来进行线上教学。为了保证在上课时不受网速影响，保障课堂质量，他每次提前很久作好上课准备，及早地把视频传入班级群里，让课堂顺利进行。陈鹏老师克服一切困难，努力上好每一节课，从他身上可以看到每位老师抗疫的决心、工作的热情。

5.打好持续战

坚持人民至上、生命至上。实践证明，彻底战胜疫情，必须把人民生命安全和身体健康放在突出位置，以极大的政治担当和勇气，以非常之举应对非常之事，尽最大努力做到不遗漏一个感染者、不放弃一个病患者，切实尊重每个人的生命价值和尊严。

疫情暴发至今已两年有余，防控早成常态。但生命保障不可松懈，疫情就是命令，防控就是责任，重庆市政府不断跟进疫情状况，持续更新防控政策，及时调整应对措施，筑牢民众生命防线。

面对国内疫情反复，重庆始终保持高度戒备。针对重庆周边的突发情况，重庆各部门、各单位等都及时进行部署，快速作出反应。对离渝返渝人员，都有严格的核酸检测以及相关防疫要求。对外地来渝人员，社区服务人员积极联系，调查情况，严格落实疫情排查职责。

截至2022年4月24日，重庆全市累计接种新冠疫苗7656万剂，接种覆盖人数达2847.9万人，完成全程接种2278.5万人，加强免疫接种已完成1494.1万人。其中，60岁以上老年人接种覆盖率达89.4%。

习近平总书记指出，抗击疫情是为了人民，也必须依靠人民。防控新冠病毒，是公共卫生体系的重要目标。在守护山城健康的过程中，重庆人民展现了无与伦比的团结，涌现了众多感人的事迹。2020年下半年，"'战疫英雄'——重庆市抗击新冠肺炎疫情先进事迹报告会"在渝举行。9位获得全国和全市表彰的抗击新冠肺炎疫情先进个人、先进集体、优秀共产党员代表、先进基层党组织代

三、筑起守护生命健康的堡垒

表分享了他们的抗疫故事。在报告会上，珍惜每个生命的重症医学科医生周发春，用爱守护生命之舱的护士简富琼，筑起防疫一线"防火墙"的疾控工作者宿昆，全力以赴守好"空中门户"的刘雪梅，让雷锋精神在战疫中闪光的出租车驾驶员王华伦等9位报告人，把一个个用血肉之躯与病毒直面交战，守护生命防线的故事娓娓道来，传递着众志成城、共克时艰的抗疫精神力量。健康权是每一个人的宝贵利益，也需要每个人一起来守护，尤其是在新冠肺炎疫情面前，重庆人民用团结互助、相互理解，铸造了牢不可破的抗疫长城。

（二）从简单清扫卫生到共享健康新生活

习近平总书记深刻指出，健康是促进人的全面发展的必然要求，是经济社会发展的基础条件，是民族昌盛和国家富强的重要标志，也是广大人民群众的共同追求。习近平总书记还指出，要把人民健康放在优先发展战略地位，努力全方位全周期保障人民健康，加快建立完善制度体系，保障公共卫生安全，加快形成有利于健康的生活方式、生产方式、经济社会发展模式和治理模式，实现健康和经济社会良性协调发展，并强调，要聚焦影响人民健康的重大疾病和主要问题，加快实施健康中国行动，织牢国家公共卫生防护网。

重庆市坚定不移地将习近平总书记的指示落实到重庆卫生健康事业的实践中去，坚持多种措施并举，为山城群众强体健魄，为民族复兴铸筋造骨。党的十八大以来，重庆市政府把增进民生福祉作为发展的根本目的，持续深化医药卫生体制改革；不断推进基层医疗卫生机构标准化和人才队伍建设，强化食品药品监管；不断完善分级诊疗体系，实现全部乡镇卫生院和村卫生室标准化，开展全民健身运动；减轻群众就医负担，公立医院取消药品加成，调整医疗服务价格；有序推进食品药品放心工程；取消全市公立医疗机构药品和耗材加成，提高基本公共卫生服务人均补助标准达85%；推进健康中国重庆行动。

  重庆人民的健康是重庆市委、市政府心头最大的牵挂。在全重庆的共同努力下，重庆人民的健康指标得到了长足的发展。截至2020年末，重庆全市常住人口3177.83万人，同比增加56.86万人。2020年，重庆市人均期望寿命为78.15岁，较2010年（75.7岁）增长2.45岁，其中，男性期望寿命为75.71岁，女性期望寿命为80.94岁。重庆市基本公共卫生服务人均补助经费达74元，其中，居民电子健康档案建档率为90.62%，健康档案使用率为65.5%，累计接受健康教育1817万人次。适龄儿童国家免疫规划疫苗接种率保持在95%以上。新生儿访视率为95.94%，0岁至6岁儿童健康管理率为93.40%。早孕建册率为95.87%，产后访视率为95.28%。老年人健康管理率为65.78%。高血压患者规范管理率为65.65%，高血压管理人群血压控制率为73.99%；糖尿病患者规范管理率为65.15%，糖尿病管理人群血糖控制率为73.39%。严重精神障碍患者规范管理率为82.82%。肺结核患者管理率为99.59%，规则服药率为98.26%。老年人中医药健康管理率为61.15%，0岁至3岁儿童中医药健康管理服务率为72.37%。传染病报告率为99.99%，突发公共卫生事件报告率为100%。卫生计生监督协管信息报告率达到100%。全市居民健康素养水平总体呈上升趋势，从2012年的

三、筑起守护生命健康的堡垒

4.94%提高到了2020年的23.01%，平均每年提高约2.26个百分点。健康素养水平较去年均有所提高，其中，健康生活方式与行为素养水平提高幅度最大，提高了4.10个百分点；各类健康问题素养有所提高，其中，传染病防治素养提高幅度最大，提高了8.02个百分点。

人民健康指标的稳步改善，实现每户人家的健康生活，是人民群众健康权得到实现的重要表征。山城人民将越来越长寿，越来越能见证到山城的日新月异，一代接一代的健康故事也就此谱写。

1.爱国卫生运动新进展

不懈开展的爱国卫生运动，不断健全的公共卫生服务体系，不断改善的医疗卫生服务体系，共同实现了重庆人民各项健康指标的显著优化。健康的生活离不开健康的生活方式和健全的医疗卫生服务。推行普惠高效的基本公共卫生服务，不断提升医疗卫生服务的公平性、可及性、便利性和可负担性，是党和国家在全面建成小康社会进程中，为保障人民健康的不懈追求。重庆卫生健康事业在党的领导下有序发展，优质高效的现代化卫生健康体系日臻完善，人民健康水平大幅提升。

早从1952年开始，重庆便广泛开展爱国卫生运动，城乡卫生状况持续改善。进入社会主义新时代以后，在以习近平同志为核心的党中央的领导下，重庆的爱国卫生运动更是取得了傲人的成就：在推进卫生城市建设方面，"十三五"期间，全市成功创建国家卫生区13个、国家卫生乡镇（县城）60个；打造卫生城市升级版，大力推进健康城市健康细胞建设，2020年建成16个健康细胞建设示范单位；到2020年底，全市居民健康素养水平达23%，较2017

年提升8个百分点；推进农村"厕所革命"，2018年至2020年共改建农村户厕106.9万户、公厕3077座，全市卫生厕所普及率由66.2%提升至82.9%，农村人居环境实现大幅改善，各类肠道传染病得到有效预防。

2.医疗机构新变化

各式各样的医疗机构是通向健康的必需之所，坚持建设更多更优的医疗机构，正是打造健康重庆的必由之路。自2018年6月以来，重庆市卫生健康委员会在全市开展以"环境美、服务美、人文美"为主要内容的"美丽医院"建设专项工作，全市共评选出了45家"美丽医院"建设示范单位。在"智慧医院"建设方面，重庆目前总数已达44家，在这些医院可实现30分钟内的分时段预约、院内智能导航、就诊信息1分钟内推送和查询、多点位自助挂号缴费和打印、无线网络覆盖、在线诊疗支付等便民功能。其间，还创建无烟医院1192家，生态文明示范医院增至50家。到2021年，重庆医疗卫生机构达21058个，平均每一千个常住人口实有床位数达7.42张，全科医生数量提前达到国家标准。全市三甲医院增加至39所，覆盖24个区县，还建成"互联网医院"24家。全面建成"农村30分钟、城市15分钟"医疗服务圈，卫生健康服务的可及性、均等化水平全面提高。

而在新出炉的重庆市医疗卫生服务体系"十四五"规划中，各有分工的医疗机构仍在稳步增长。到2025年，重庆市将建成三级医院100家，创建国家医学中心1个、国家区域医疗中心5个，建设市级区域医疗中心4个至6个、市级区域中医医疗中心10个至15个，新建成一批"美丽医院"和"智慧医院"。

三、筑起守护生命健康的堡垒

除了常规的医疗机构之外，疫情防控机构的建设也很重要。自2020年以来，新冠肺炎疫情已经在极大程度上改变了我们的生活，而重庆市的医疗体系也对此作出回应：重庆市在万州区、黔江区、永川区等区县设置区域疾控中心，重点强化健康危害因素监测与干预、实验室检验检测、区域健康大数据分析利用、技术指导等职能；区县疾控中心重点强化疾病预防控制和健康管理的组织实施、技术指导、监测评估、流行病学调查、应急处置等职能。到2025年，建成三级甲等疾病预防控制机构5个至10个。另外，重庆还将建设重大疫情救治基地，计划建成4个重大疫情救治基地，承担危重症患者集中救治任务，储备一定数量的应急物资，建设生物安全二级或三级实验室、PCR实验室、传染病解剖室等，按不同规模和功能配置必要的医疗设备，根据实际需要设置负压病房及负压手术室。

在我国的抗疫实践中，传统的中医药发挥了重大的作用。2020年6月2日，习近平总书记在专家学者座谈会上指出，发挥中医药在重大疫病防治中的作用。中西医结合、中西药并用，是这次疫情防控的一大特点，也是中医药传承精华、守正创新的生动实践。重庆将建立中西医协同疫病防治机制，依托高水平三级中医医院，布局建设3个市级中医疫病防治基地和3个市级中医紧急医学救援基地。

自三孩生育政策实施以来，生育配套措施、妇幼健康如何保护也成了人们关注的重中之重。《重庆市医疗卫生服务体系"十四五"规划（2021—2025）》指出，到2025年，重庆每个区县均建设1个政府举办的标准化、规范化妇幼保健机构，培育建设10个区域妇幼保健中心，建设7个至10个三级妇幼保健院。加强妇幼保健

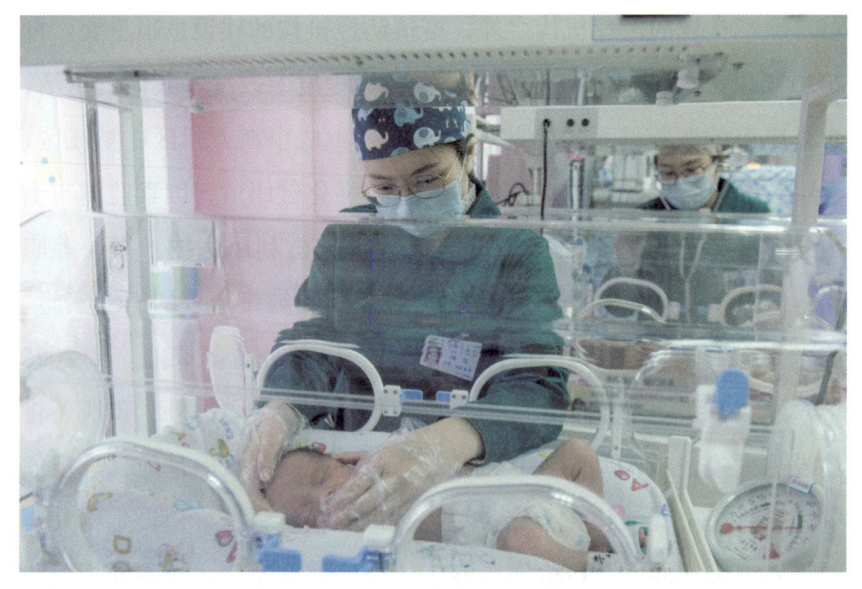

2019年2月4日，重庆市中医院，住院医师杨雪正查看新生儿病情（崔力 摄）

优势、特色专科建设，建成60个至80个市级妇幼保健重点专科。

去医院看病需要花钱，但在全面建成的小康社会之中，健康的实现并不意味着高额的经济代价。近年来，重庆大力推进基本公共卫生服务均等化，为城乡居民免费提供31项基本公共卫生服务。医疗保障水平不断提高，居民健康素养水平和满意度逐年提高。

3.疾病预防新举措

习近平总书记指出，预防是最经济最有效的健康策略。他还指出，要坚定不移贯彻预防为主方针，坚持防治结合、联防联控、群防群控，努力为人民群众提供全生命周期的卫生与健康服务。

重视重大疾病防控，是保障人民健康的关键一环。拒病痛于千里之外，是我们公共卫生体系最大的目标之一。如果能够一直保持健康，又有谁愿意与疾病打漫长的持久战呢？因此，需要牢记早筛

三、筑起守护生命健康的堡垒

查才能早诊治，早诊治才能早健康。面对种种困扰着居民健康的重大病症，重庆市委、市政府积极落实习近平总书记关于疾病预防的重要指示，不断推陈出新，采取疾病预防新措施，为山城群众树立起了预防疾病的一道道屏障。

作为一直以来令人闻之生畏的疾病，癌症往往越早发现，越能得到效果更佳的治疗。重庆市开展了癌症机会性筛查与早诊早治项目。重庆市年龄在35岁至74岁，且未被确诊为癌症，或严重心、脑、肺疾病，或肾功能障碍的居民，可通过癌症自助风险评估系统填写癌症危险因素相关信息，进行肺癌、乳腺癌、结直肠癌、食管癌、胃癌、肝癌、宫颈癌、甲状腺癌及前列腺癌九大癌种的风险评估。若被评估为高危人群，可前往指定医院免费进行个体化的癌症筛查，以发现早期癌症和癌前病变，实施干预措施，达到降低癌症发病率和死亡率、提高患者生存概率和减轻癌症负担目的。2021年，便进行了对10万人的防癌风险评估问卷调查，并对5万人次的高危人群进行临床筛查。项目今后还将对筛查出的阳性人群进行随访。越早发现一例癌症，便能越早挽救一个家庭，健康权的社会意义也在这里得到了实现。

每当我们到达医院，都能看见留给胸痛和卒中患者的优先通道，即使不了解这些疾病的人，也会清楚它的这种猝然和可怕。中风，是脑卒中的俗称，医疗上将它归为急性脑血管疾病的一类，指由于供应脑组织的血管发生问题，导致脑组织损伤甚至死亡，目前该疾病是我国第一大致残性疾病。《中国脑卒中防治报告（2018）》显示，2017年我国约有196万人死于脑卒中，病后存活人群中70%留有不同程度的残疾。2020年，重庆市人民医院在渝北区启动了免费院外筛查，在前期筛查的110名居民中，33个提示高危，进一步的颈动脉彩超检查发现其中有8个人颈动脉有重度狭窄。同样，心血管疾病高危筛查每年也在紧锣密鼓地实施中。提前筛查是一声警钟，提醒着人们是时候更加注意自己的健康，也提醒着人们对可能的疾病有更多的预防和准备。

口腔医疗在过去往往得不到足够的重视，而今天口腔疾病综合干预已经成为了公共卫生体系中的重要组成部分。2021年，为落实党中央的惠民政策，助力"中西部地区儿童口腔疾病综合干预项目"在重庆地区的高质高效推进，重庆市探索建立全市农村地区儿童口腔疾病综合干预工作机制，推广口腔疾病防治适宜技术。重医附属口腔医院在中央财政专项资金的支持下，计划深入13所乡村小学开展窝沟封闭和口腔健康宣教活动，通过早发现、早干预，有效降低了全市儿童乳牙和恒牙患龋率，不断提高基层口腔疾病防治能力和儿童口腔疾病的防治水平。希望在不久的将来，一口健康的牙齿，将伴随每一个山城居民一生。

除了各种重大疾病，层出不穷的慢性病同样困扰着人们的正常生活。慢性病主要包括慢性呼吸系统疾病、糖尿病和口腔疾病，以及内分泌、肾脏、骨骼、神经等疾病。目前，慢性病成为严重威胁居民健康的一类疾病。近年来，重庆市就慢性病防治工作在环境整治、烟草控制、全民健身、营养改善、保障救助等方面开展了一系列联合行动，政府主导、部门协作、社会动员、全民参与的慢性病防控工作机制初步建立。此外，慢性病患者将优先纳入家庭医生签约服务范围。重庆市将积极推进高血压、糖尿病、心脑血管疾病、肿瘤、慢性呼吸系统疾病等患者的分级诊疗，形成基层首诊、双向转诊、急慢分治、上下联动的合理就医秩序，健全"治疗—康复—长期护理"服务链。把慢性病治好，送群众一个不受病痛扰乱的生

三、筑起守护生命健康的堡垒

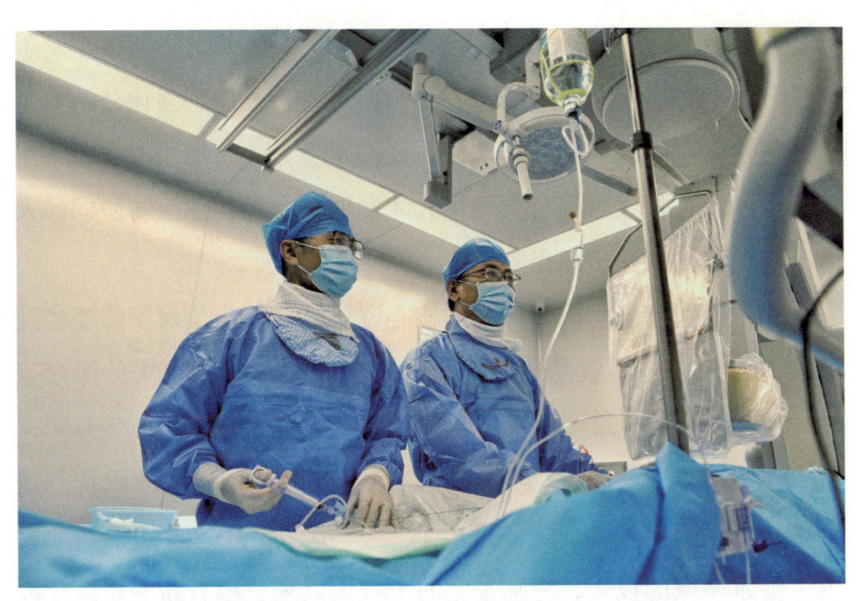

2021年9月9日,江北康心医院手术室内医生正在为患者植入冠脉支架(崔力 摄)

活,健康才能真正在山城大地上焕发光彩。

4.诊疗服务新优化

重庆着力打造优质高效的整合型医疗卫生服务体系,改善医疗卫生资源的可及性和便利性,提高医疗服务质量和效率。更优秀的医护,更充足的床位,更便宜的药物,更迅速的康复,重庆正是从这些方面着手,为人民群众的健康生活保驾护航。

不管在什么行业,人才都是最重要的资源。而在医疗卫生事业中,医护人员的数量和素养直接关系到了病人的就医体验和康复。换言之,病人的幸福生活仰赖于医护人员的诊治和照料。2020年,为了深入贯彻习近平总书记系列重要指示精神,建立适应新时代公共卫生体系的人才发展体制机制,打造一支数量充足、结构合理、技术精湛、能打硬仗的公共卫生人才队伍,提高预警、规范处置能力，切实保障全市人民群众生命安全和身体健康，重庆市印发了《关于加强公共卫生人才队伍建设的若干措施》，做到强化公共卫生人才评价激励、加快引进紧缺优秀公共卫生人才、加快提升公共卫生人才队伍、做大做强公共卫生人才发展平台、构建医防协同的人才共享机制、加强组织保障。

　　床位是医疗卫生服务体系的核心资源之一。床位对于需要住院的病人来说，可能就是通往健康的路标。1949年，重庆的医疗卫生"家底"仅有452个医疗卫生机构，其中医院仅2家，实有床位数2001张。彼时，医疗卫生条件落后，人们饱受疾病的困扰。新中国成立后，这一局面逐渐发生改变。70多年来，重庆不断加大卫生健康领域的投入，特别是党的十八大以来，随着新一轮医疗改革的实施，卫生服务供给能力不断增强，居民健康水平不断提高。截至2018年，全市医疗卫生机构已达到20524个（含村卫生室），其中医院800家，实有床位数220104张。2020年，重庆市启动了4所公共卫生救治应急医院建设工作，进一步完善了全市医疗卫生服务体系，进一步提升了重庆在重大突发公共卫生事件中的医疗救治能力，其固定医院部分总建筑面积26.46万平方米，规划总床位数5100张（其中固定床位1250张，应急床位3850张）。为提高医疗救治应急能力，医院还将设置直升机停机坪。

　　在医院的诊疗体验改善同样是医疗服务体系改进的重要组成部分。方便舒适的就医环境，是病人重返健康的重要条件。在2018年，重庆市中医院便实现了精确到分钟的挂号预约、实时候诊提醒、在医院下单就可回家坐等煎好的中药快递上门等服务。在重庆，医疗卫生服务与前沿的"互联网+"技术融合打造的"智慧医院"，正在逐步改善患者的就医体验。同时，推动医疗资源的互联

三、筑起守护生命健康的堡垒

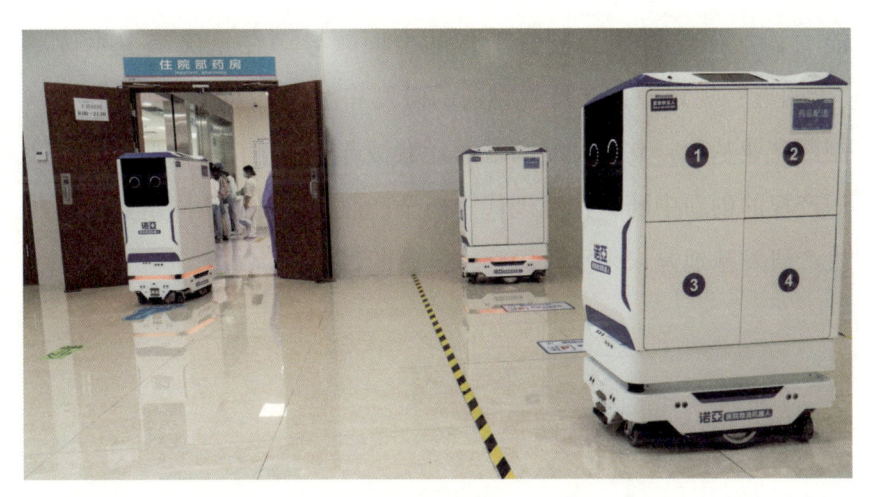

重医附属儿童医院，装好药的送药机器人自动前往病房（崔力 摄）

互通，是重庆"智慧医院"建设的另一项重点工作。借助视频远程会诊、临床影像实时查阅等信息化平台，重庆市优质医疗资源可辐射到基层乡镇。到医院看病的患者，无不苦恼于可能碰到的糟糕环境，停车难、如厕难、环境差成为了人们对医院的刻板印象。2018年，重庆全面启动了"美丽医院"建设，通过环境绿化，改善厕所、食堂、停车场、便民设施，加强妥善处理医疗废水废物及生活垃圾，同时狠抓后勤服务、院内文化、绿色医院建设等举措，改善患者的就医体验，为患者提供更加优质方便的服务——保证既有医院绿化率将不低于30%、推进医院厕所标准化建设、新建和扩建医院停车场、完善便民设施更好为患者服务。这些措施都将一步步改变重庆人民对医院的固有观念，它告诉我们：医院也能是一个舒适的场所。

吃放心药，吃实惠药，吃高效药，是人民群众对于用药的基本要求。2021年，重庆市委、市政府全力保障人民群众用药安全、深入推进生物医药产业高质量发展，全面提升药品安全综合治理能力，加强党对药品监管工作的全面领导。在重庆市卫生健康"十四五"规划中，支持生物药的研发和生产，建设西部重要生物制药产业基地，支持发展高端医疗器械产业，培育一批拥有自主知识产权的创新中药，构建现代中药全产业链，打造全国重要中医药生产研发基地是未来重庆医疗大健康的目标。

（三）从看病难到看病易

我们建立全民医保制度的根本目的，就是要解除全体人民的疾病医疗后顾之忧。这就要求健全重大疾病医疗保险和救助制度。这次疫情防控，在基本医保、大病保险、医疗救助的基础上，对医药费个人负担部分由中央和地方财政给予补助，有些地方还对异地就医患者实行先收治、费用财政兜底等政策，保证了患者不因费用问题而延误救治。这些行之有效的做法要及时总结，推动形成制度性成果。要健全应急医疗救助机制，在突发疫情等紧急情况时，确保医疗机构先救治、后收费，并完善医保异地即时结算制度。要探索建立特殊群体、特定疾病医药费豁免制度，有针对性免除医保支付目录、支付限额、用药量等限制性条款，减轻困难群众就医就诊后顾之忧。要统筹基本医疗保险基金和公共卫生服务资金使用，提高对基层医疗机构的支付比例，实现公共卫生服务和医疗服务有效衔接。

解放之初，对于重庆人民群众来说，生病可能是本已艰辛的生活中最令人烦恼的事，尤其是一些严重疾病的患者，为了寻医问药，只能靠轮渡或"划子"（小木船）过江前往大医院。每遇洪水

三、筑起守护生命健康的堡垒

时期，木船不敢过渡，严重病人或急诊病人便得不到及时治疗。在这样的条件下，那川流不息的嘉陵江和长江，再美也算不得风景了。

在过去，群众生病却不愿意看病的原因，或许出于旅途劳顿、或许出于忌讳疾病，更深刻的原因则是看病吃药所带来的沉重经济负担。

1. 多重医疗保障撑起群众"健康伞"

山城的每一个角落都值得被守护，随着城市的逐渐扩大，对优质的公共医疗的需求也越来越大。在21世纪初，农村人口仍然占据着重庆市总人口的3/4，医疗卫生资源处于不足的状态。全面建成小康社会，最艰巨、最繁重的任务在农村，特别是在贫困地区。从2000年到2005年，农村"一乡一院，一村一室"的格局尚未完全形成，农村居民看病要走的路程长，应诊而未诊的比例仍较高，应住院而未住院的农村居民也大有人在，尤其是偏远地区的农民，依然面临着看病难的问题。在贫困县，这些问题更加突出。在新中国成立初期，半农半医的"赤脚医生"为农村医疗卫生服务体系作出很大贡献，而到了2005年，贫困农村的医务人员却面临着青黄不接的窘境。村级医务人员存在着文化程度不高、学历层次普遍偏低等问题，能够提供的医疗服务十分有限。2009年，有学者走访了黔江、奉节、彭水等地的村卫生室等医疗卫生机构，最终得出结论：村卫生室的运行状况远远达不到国家规定的有关人员、设施和制度的基本标准，难以保证其提供良好的医疗服务。

因病致贫是重庆市农村贫困人口致贫的第一大因素。由于过去贫困地区交通不便，医疗水平较落后，贫困地区的人民面对病魔十分无奈。但贫困地区的人民并没有被遗忘，为人民谋幸福，为民族谋复兴，贫困地区的医疗保障绝对不能落下。从2012年到2020年，一场场为贫困地区人民群众医疗卫生保障而打响的攻坚战，正在山城一幕幕上演。

为贯彻落实党中央关于打赢脱贫攻坚战的重大战略部署，大力推进健康中国建设，重庆市不断完善顶层设计，强化救助政策，健全保障体系，相继推出了一系列新政策、新措施，为扎实推进健康扶贫奠定了坚实基础。为破解因病致贫难题，近年来，重庆在提升基层医疗卫生服务能力的同时，集纳资源，形成以基本医保、大病保险为基础，医疗救助、扶贫基金为补充的健康扶贫保障体系。重庆不断完善贫困人口医疗服务兜底保障机制，通过"大病集中救治一批、慢病签约服务一批、重病兜底保障一批"，让贫困人口住院实现"先诊疗后付费"和"一站式结算"；农村贫困人口大病救治病种扩大到30种；实现贫困人口住院自付比例为8.82%，特病门诊自付比例为9.58%；贫困人口慢病签约服务实现全覆盖。

在重庆石柱县勇飞村，已摘掉"贫困帽"的徐定英一家，在2018年底却突遭横祸：徐定英的孙女摔倒致颅内出血，两次住院前后花了20万元。正当徐家人被重病压得喘不过气来之时，健康扶贫措施及时到位，伸出"援手"。经过多重医疗保障报销支持，徐家人医疗自付费用不到两万元，解了燃眉之急。

据重庆市卫生健康委员会统计，截至2020年6月底，重庆全市因病致贫4946户，较建档立卡时减少96.6%。通过多重保障线兜底，贫困人口住院费用自付比例为9.66%，有效缓解了贫困群众医疗负担。在基本医疗方面，全市涉及未参加基本医疗保险贫困户有586人，由市卫健委和市医保局逐一比对核实，实行大病专项救治、慢病签约服务管理、重病兜底保障，大力实施"医保清零"行

三、筑起守护生命健康的堡垒

动,探索实施"集中供养+居家康复救助"举措,解决失能弱能贫困家庭负担重的问题,多措并举解决患病群众就近就医问题。目前,农村贫困人口全部参保。

多重医疗保障撑起了人民群众的"健康伞"。保障人民群众身体健康是全面建成小康社会的重要内涵,健康是扶贫的根本、脱贫的关键。重庆市政府投入21.8亿元,提档升级贫困区县医院设施,14个国家级贫困县的人民医院和中医院均达到二级医院标准;同时,建立起以基本医保、大病保险、医疗救助为基础,商业补充保险、疾病应急救助、扶贫济困医疗基金、健康扶贫医疗基金为补充的"三保险""两救助""两基金"多重医疗保障体系,倾斜报销惠及贫困人口124.35万人次。全面实施分级诊疗、"一站式"结算和"先诊疗后付费",贫困人口县域内就诊率达96.96%。2019年,全市因病致贫5144户,较2018年减少20371户,减少79.8%。为防止群众因病致贫、因病返贫,重庆先后设立了3亿元的扶贫济困医疗基金和4亿元的健康扶贫医疗基金,为所有贫困人口购买了商业保险,并实行医疗报销倾斜政策。

罗天华正是重庆市多重医疗保障政策的受益者之一。罗天华从十几岁起就到广州打工,2016年他觉得髋部有点疼。起初罗天华没在意,以为是扭了,结果却越来越疼。经当地医院诊断,罗天华患的是股骨头坏死。

罗天华呆住了。他也想过做手术,可七八万元的手术费,让他打消了治病的念头。"那时我又没医保,老婆还怀着二娃,老大刚上小学,家里根本拿不出钱来治病。"罗天华回忆道。可腿越来越疼,疼得罗天华连路都走不了。病急乱投医的他找了各种偏方,但偏方并不便宜,每次都要两三千元,吃了不仅病没有起色,反倒让他欠了一屁股债。这一年，罗天华返贫，成了建档立卡贫困户。看着躺在床上的儿子，盘火英背地里不知道抹了多少回眼泪。

在几近绝望时，安富街道社区卫生服务中心副主任给罗天华带来了康复的希望。他建议罗天华去做手术，并给罗天华宣传了多重医疗保障政策。最终，罗天华治疗共花费43691.04元。其中，医疗保险报销24595.47元、大额补充保险报销1102.15元、民政救助补贴8316.31元、健康扶贫基金补贴1981.41元、精准脱贫基金补贴1096.91元。报账后，罗天华自己需支付6000多元。因为罗天华是建档立卡贫困户，按照多重医疗保障政策，医院还会托底，为他承担超出自付10%之外的费用，所以罗天华最终只花了4300多元，多重医疗保障政策让罗天华重新站了起来。

据统计，自实施健康扶贫工程以来，重庆市累计有133.99万人次享受多重医疗保障政策，初步实现基本医疗有保障目标。截至2020年2月底，全市因病致贫5003户，较2018年减少20512户，减少80.4%。

不仅要看得起病，更重要的是有地方看病。重庆北有大巴山，东有巫山，东南有武陵山，南有大娄山，境内山高谷深，沟壑纵横，山地面积占76%，丘陵占22%，河谷平坝仅占2%。在这样的地形条件下，贫困地区的群众，爬坡上坎已经足够疲惫了，但凡遇到病痛，求医便成了一个漫长过程。万事开头难，要保障健康，就必须先解决有地方看病的问题。看病不用离乡和奔波，既是贫困地区群众心心念念的渴求，也是党和国家时时刻刻牵挂的大事。

近年来，重庆加强基础设施建设，在贫困区县改扩建县级医院24所、妇幼保健院14所、疾控中心9所、乡镇卫生院180所、村卫生室1048所，18个深度贫困乡镇全部配备监护型救护车，50%以

三、筑起守护生命健康的堡垒

村医陈万琦正在给村民看病（李珩 摄）

上的基层医疗卫生机构配备呼吸系统疾病早期筛查设备，贫困区县基础设施设备不断完善。

重庆市卫生健康委员会数据显示，截至2021年4月，全市所有区县都有1所二级甲等以上公立医院、所有乡镇都有标准化卫生院、所有村（社区）都有标准化卫生室和村医，贫困人口参加基本医疗保险应保尽保。

在璧山区璧城街道四面山村七孔子卫生室，约70平方米的卫生室分为诊断室、治疗室、药房等，四五名病人依次坐在板凳上待诊。

"现在条件好多了。"马朝军说，"过去的村卫生室仅20多平方米，还是土坯房，多来几个人，连转身的地方都没有。"村医陈万琦感慨地说："如今村卫生室已达到标准化水平，病人用脚投票，也宁愿就近看病。"

2.户户拥有家庭医生送医上门

"婆婆过年一定吃清淡,药一定要按时吃,多走活动,有事随时打电话。"2022年1月26日,气温指向6℃,万盛经开区万东镇五里村90岁的张习珍家迎来一群特殊的"客人"——万东镇卫生院家庭医生团队,他们在春节前夕,不畏严寒,步行来到老人家为其送医送药。

2016年,重庆市七部门出台《关于推进家庭医生签约服务的实施意见》,全面启动家庭医生签约服务。经过近5年努力,全市家庭医生签约服务工作在各区县有序推进,整体工作取得显著进展。据悉,2019年全市基层医疗机构组建8171个家庭医生团队,签约居民854万余人,其中重点人群签约712万余人,在家且有签约意愿的建卡贫困户签约实现全覆盖。家庭医生是群众身边的健康守门人,2019年,25个试点单位实现对居民"防、治、管"的全生命周期健康服务,医疗卫生服务实现"双提升",基层诊疗量同比增长9.42%,出院人数同比增长6.36%。

光是上门服务当然是不够的,有些重大疾病只能去到医院才能得以救治。据了解,在过去,虽然部分社区医院与上级医院之间有一些双向转诊"绿色通道",但大多集中在急病重病上,患者可直接转院,而门诊转诊则只能由患者自己去挂号。如今通过"号源池",家庭医生可以替需要转诊的患者预约三甲医院的号,更好地为签约居民服务。据重庆市卫生健康委员会有关负责人介绍,重庆已建成全市家庭医生信息系统平台,全市二级以上公立医院将以不低于20%比例的预约号源,作为家庭医生专用号源向基层医疗卫生机构开放,让家庭医生服务更实在。

三、筑起守护生命健康的堡垒

"周爷爷，这些药吃了要是还不见好，我就给你预约上级医院的号，你直接过去看就行了。"连日来，气温陡降，九龙坡区石桥铺街道市民周渝生咳得很厉害，为老人看完病后，石桥铺街道社区卫生服务中心家庭医生李杨贴心地说。

同时，市卫生健康委与残联、民政部门衔接，确定黔江区、沙坪坝区、北碚区、忠县4个区县为全国残疾人家庭医生签约服务重点联系点；启动残疾儿童康复服务，覆盖全市1991名残疾儿童。北碚区、璧山区等5个区县实施了健康中国糖尿病高危人群健康教育与专项筛查能力提升项目，筛查糖尿病高危人群3万人，让家庭医生服务更有针对性。

重庆还做实做细家庭医生签约服务，把签约服务的重点放在老年人、孕产妇、儿童、残疾人，以及高血压、糖尿病、结核病、严重精神障碍患者等人群上。与此同时，努力夯实家庭医生签约服务的平台基础。近年来，重庆建立了基层医疗卫生机构等级评审标准，在18个区县开展了"医通、人通、财通"的三通医疗卫生共体试点，为家庭医生服务提供了重要平台支撑。

截至目前，全市居民电子健康档案建档率达到90.62%，适龄儿童国家免疫规划疫苗接种率达99.24%，0岁至6岁儿童健康管理率达93.41%，孕产妇系统管理率达92.29%，老年人健康管理率达65.78%，高血压患者管理212.72万人，2型糖尿病患者管理69.32万人。

3.基本医疗保险覆盖所有城乡居民

自2001年启动职工医保改革以来，重庆市坚持"全覆盖、保基本、多层次、可持续"的方针，积极推进统筹城乡医疗保险制度建设，不断加强政策制度完善和体制机制创新。2009年，重庆市实现医保制度城乡统筹，将全市"新农合"和城镇居民医保统一整合为城乡居民医保，打破城乡居民户籍界限。2012年，全市职工医保和居民医保基金管理实现省级统筹，全市参保政策、就医管理、待遇标准、信息系统、基金管理、经办流程实行"六统一"，群众在市内看病就医全部实现即时结算。2015年，整合机构实现经办服务五险统筹，整合原分散设立的社保经办机构，组建"五险合一"的社会保险局，实现了经办服务五险统筹，为群众办事带去了便利。2016年，基本实现人人享有医疗保障。截至2016年末，全市医保参保总人数达3200余万人，参保率稳定在95%以上，统筹城乡、覆盖全民的医保服务体系基本建成，人人享有医疗保障的目标基本实现。

针对过去看病难的问题，重庆着力推进分级诊疗制度建设，促进优质医疗资源扩容。目前，重庆组建多种形式的医联体299个，有25个区县在试点医共体"三通"建设，试点区县基层诊疗量同比增长9.42%。

在完善分级诊疗引导机制方面，明确66个基层首诊病种，推进10类重点疾病双向转诊制度，制定高血压、糖尿病等分级诊疗技术方案，县域内就诊率达90%以上。

此外，重庆市基本医保参保率维持在96%左右，并持续推进跨省异地就医直接结算。已接入全国异地就医结算平台医疗机构1887家，覆盖所有区县和乡镇（街道）。开展了"西南5省"一体化门诊结算试点，实现西南片区5省市慢性特病门诊异地联网结算，先期上线糖尿病、高血压两个病种直接结算功能。截至2020年，已纳入直接结算医药机构5109家。

在缓解看病贵的问题上，重庆完善药品供应保障制度，157个药品平均降价53%，还建立了短缺药品会商联动机制。此外，依托重庆药交所平台，率先建设医药信息全程追溯体系，实现药械从"生产企业—经营企业—医疗机构—患者"的全程流向信息追溯。重庆成为首批完成疫苗追溯体系建设的7个试点省市之一。

值得一提的是，重庆推进重大疫情防控体制机制改革，建立了成渝地区重大疫情和突发公共卫生事件联防联控机制。

4.严查医保违规管好群众的"救命钱"

医保基金是人民群众的"看病钱""救命钱"。加强医保基金监管，确保基金安全，事关人民群众的切身利益和愿望。为此，中共中央、国务院发布《关于深化医疗保障制度改革的意见》，国务院办公厅印发《关于推进医疗保障基金监管制度体系改革的指导意见》。重庆市委、市政府高度重视医保基金监管工作，市政府办公厅印发《关于进一步加强医疗保障基金监管严厉打击欺诈骗保行为的通知》，市人大、市政协专题调研医疗保障工作，市纪委监委在医疗卫生系统开展"以案四改"。

自2018年以来，重庆市医疗保障局始终把维护基金安全作为首要任务，以"五大行动"为抓手，逐渐形成和不断巩固打击欺诈骗保的高压态势，有效维护医保基金安全，切实守护好人民群众的"保命钱"，增进了人民群众的健康福祉。

2019年至今，全市共检查定点医药机构29026家，现场检查覆盖率达100%，暂停医保服务2016家，解除定点协议973家，行政处罚427家，移交司法机关175件，追回医保基金本金并处违法违约金共计6.8亿元，媒体点名公开通报832例。各项指标在2019年全国医保基金监管工作中综合排名第4位。

此外，重庆市还在技术手段上借助大数据智能监控"慧眼"。"48床的病人去哪了？去检查身体了吗？"开州某医院医保远程查房开始。值班医生戴上摄影头进行夜查房，摄影头的另一端连接着开州区医保局智能场景监控平台大屏幕，通过生物特征识别技术，能迅速采集患者生物特征并验证，看是否存在挂床住院等情形。很快，开州区医保局执法人员发现了问题，查处了一起挂床住院的案子。

国家医保局将重庆市纳入全国"医保智能监控示范点"建设范围，重庆迅速启动试点工作。目前，开州试点智能场景监控平台已接入40家公立医院、10家民营医院、64家村卫生室、27家个体门诊部、28家个体诊所。该平台利用生物特征识别、AI等新技术实现医保远程查房、住院率监控、医护交班查房、患者生物特征采集与验证、病人治疗进程监控等十大场景应用功能，为提升医保监管规范化、精准化和智能化水平提供有力支撑。

因病致贫是扶贫路上一块难啃的"硬骨头"。"辛苦奔小康，大病全泡汤。"医疗保险，一直以来都起到为贫困地区群众享受医疗服务兜底的作用。医保扶贫，从来就不仅仅关乎金钱，更是关乎一个个生命的健康、一个个家庭的圆满。

我们将迎难而上，进一步深化医药卫生体制改革，探索医改这一世界性难题的中国式解决办法，着力解决人民群众看病难、看病贵等问题。

四、推动高质量发展、创造高品质生活

重庆坚定贯彻新发展理念，高质量发展之路越走越宽广。供给侧结构性改革持续深化，产业转型升级步伐加快，汽车、电子信息等支柱产业持续壮大，战略性新兴产业快速增长，新经济、新业态、新模式不断涌现，现代服务业提质增效，现代山地特色高效农业加快发展。以大数据智能化为引领的创新驱动发展深入推进，"智造重镇""智慧名城"建设取得突破，一批科技创新、产业发展平台不断壮大，高端创新资源加快聚集。基础设施提档升级，交通建设三年行动计划顺利完成，"米"字形高铁网加快构建，县县通高速公路基本实现，内陆国际物流枢纽体系更加完善。城乡建设成效明显，乡村振兴扎实推进，美丽乡村展现新面貌，城市规划建设管理全面加强，功能品质持续提升，常住人口城镇化率达到70.3%。全市经济正步入高质量发展轨道，新旧动能加快转换，发展质量效益不断提高。

与此同时，成渝地区双城经济圈建设开局良好。主动服务国家重大决策部署，全面落实《成渝地区双城经济圈建设规划纲要》，建立常态化、长效性合作机制，一批重要规划方案编制出台，成渝中线高铁等标志性重大项目顺利实施。

除此之外，重庆全力改善民生和生态环境，创造高品质生活取得明显进展。一方面，持续加大民生投入力度，每年全市一般公共预算的80%左右用于保障和改善民生。每年滚动实施重点民生实事，群众"急难愁盼"问题得到有效解决。重庆老百姓获得感、幸福感、安全感明显增强，民生福祉不断改善。另一方面，大力推进生态优先、绿色发展，山清水秀美丽之地建设迈出坚实步伐。"绿水青山就是金山银山"的理念深入人心，生态优先、绿色发展日益成为全市上下的思想共识和行动自觉，"山水之城·美丽之地"魅力更加彰显。

（一）经济水平稳步提升

我们党领导人民全面建设小康社会，进行改革开放和社会主义现代化建设的根本目的，就是要通过发展社会生产力，不断提高人民物质文化生活水平，促进人的全面发展。

重庆作为西部唯一的直辖市，西南的工商业重镇，西部大开发的重点开发地区，集水、陆、空运输方式为一体的交通枢纽，产业基础雄厚，加上中央政策的扶持，使得重庆经济呈稳定增长趋势。自党的十八大以来，在以习近平同志为核心的党中央引领下，重庆各项经济更是发展迅速，同时紧抓新一轮产业变革和科技革命的历史机遇，实现了以智能产业为主导的新兴产业迅猛发展。

1.产业升级

目前，重庆产业结构实现了快速转型升级，已经形成了以汽车、摩托车、智能产业、电子信息、天然气石油化工、装备制造、材料、能源、建筑、金融等为代表的优势产业集群，以旅游、健康医疗、餐饮、教育等为代表的服务业，以荣昌猪、脆李、茶树为代表的现代农业，产业体系不断优化、合理、全面。2021年，重庆市国民经济和社会发展统计公报显示，新产业、新业态、新模式逆势成长。全年规模以上工业战略性新兴产业增加值比上年增长18.2%，高技术制造业增加值增长18.1%，占规模以上工业增加值的比重分别为28.9%和19.1%。新一代信息技术产业、生物产业、新材料产业、高端装备制造产业增加值分别增长18.6%、11.9%、19.6%和13.2%。全年高技术产业投资比上年增长8.4%，占固定资产投资的比重为8.5%。

多年来，重庆市汽车、摩托车产业处于快速发展之中。通过与国内外优秀企业多方合作，引进了雄厚的资金及世界先进技术设备，使汽车、摩托车产业得到进一步发展创新。重庆汽车行业经过不断发展，已成为全国第一大汽车生产基地。尽管中间经历曲折，重庆汽车行业仍能抓住机遇，引入新能源和智能网联以满足人民群众日益增长的消费需求以及生态环境保护节能要求，实现了传统汽车制造向高端智能的成功转型，吸引了吉利、长城、比亚迪、理想等企业入驻。作为最早生产摩托车的城市之一的重庆，依托老工业基地优势，摩托车产业实现了飞速发展，超越全国绝大多数城市。2019年，摩托车产业已被重庆列为支柱产业。从产业角度来看，重庆摩托车产业一直在稳定发展，近年来创新脚步更是加快。

在数字化时代，智能产业常常是衡量一个城市发展水平和经济实力的关键性因素。重庆智能产业虽然仍处于第三梯队，但自党的十八大以来，名次在不断上升，智能产业企业数量、企业平均专利

全面建成小康社会重庆变迁志

数、融资额、国际开放程度、链接能力等均在全国省市排名中靠前，这显示出重庆人工智能产业在产业发展过程中的优势特征。目前，重庆拥有长安汽车、云从科技、马上金融三家"新一代人工智能产业创新重点单位"，拥有重庆大学这个第一批建设"人工智能"的本科新专业高校，取得国际消费中心城市、具有全国影响力的科技创新中心等成就，取得了宗申智能网联摩托车配备智能网联终端系统、中全安芯全科医生机器人等智能机器人、隆鑫XV-3型大载重多用途等智能无人机、"海扶刀"聚焦超声肿瘤治疗系统智能医疗、"智航顺"机场指挥系统等技术成果，智能产业加快聚集，产业生态不断改善。

随着经济结构的调整，重庆第三产业比重不断增长。2006年至2012年，重庆市是"第二产业增加值>第三产业增加值>第一产业增加值"；2013年以后，重庆市是"第三产业增加值>第二产业增加值>第一产业增加值"。这说明第三产业对重庆经济的增长越来越重要。深入开展服务业扩大开放综合试点，着力推进服务业高质量发展，各项措施落实落地，不断强化服务业对经济增长的引领支撑作用。根据2021年重庆市国民经济和社会发展统计公报显示，第三产业增加值14787.05亿元，增长9.0%，第一、第二、第三产业结构比为6.9：40.1：53.0。

重庆一直紧抓美食名城建设。改革开放40多年来特别是党的十八以来，重庆餐饮业迅猛增长，实现了吃饱到吃好、吃健康、吃方便，吃食物到吃文化的产业转型和升级。互联网的普及推动了重庆餐饮业商业模式的发展，团购、外卖在餐饮业兴起，大街上随处可见外卖小哥的身影。同时，互联网对餐饮的半成品、食材采购、点菜、排队、支付等均产生了深刻的影响。实施生活服务数字化赋能计划，截至2021年，已有6万余家餐饮从业单位入驻8家网络餐饮服务平台运营；云阳（全国）面业大数据平台建成投用，3000余家面粉生产企业、6.78万家面坊上线运行。当前，重庆支持各项团购餐饮企业连锁化发展，推动重庆餐饮食品文旅创业产业园、陶然居5G数字无人快餐食品工厂建设，建立了全市首个复合调味智慧化工厂。

历史与现代、商贸与文化的相互交融，旅游资源的丰富独特多样促进了重庆旅游业的发展。重庆美食、重庆美景、巴渝文化吸引了大量游客留宿重庆。2021年，重庆全市实现住宿营业额357.23亿元，同比增长23.1%。通过观光设施、交通设施、游乐设施的改良升级，推动景城乡一体化建设，顺应文化与旅游消费转型升级新趋势，增强了旅游者的旅游体验感。连同成都打造成渝特色文旅品牌，如推动"智游天府+惠游重庆"对接融通，组建"巴蜀文化旅游推广联盟"和"川渝144小时过境免签推广联盟"，在旅游产品、线路、价格和政策上搭建川渝文旅发展一体化新平台；推动"一区两群"协调发展；加快健全现代文化和旅游产业体系；推动中华优秀传统文化实现创造性转化和创新性发展；加强文化和旅游行业对内对外交流合作，建立了重庆国际文化旅游之窗、重庆文化与旅游国际交流中心等对外交流合作平台。

党的十八大以来，重庆市委、市政府持续稳步推动重庆农业供给侧结构性改革，加快现代农业产业体系、生产体系、经营体系建设，推动现代农业高质量发展，现代农业发展水平不断提升。

重庆山地丘陵占地面积高达98%，城市与农村共同发展。重庆拥有历史悠久的农耕文化，是人工种植茶树最早的地区，三峡柑橘拥有2300多年的栽培历史，荣昌猪有近2000年的历史。重庆农业发展不仅是因其具有较好的农业历史文化，更在于重庆顺应时代的变化，不断更新农作物品种、培植方式，改善农业产地环境，促进了农业的体系结构升级，实现了农业机械化、智能化、无人化，形成了以区域资源为基础的特色农业，如重庆市蔬菜"第一品牌"的涪陵榨菜。农业与工业共同发展，不断提升产业价值，创建了涪陵、潼南、江津等6个国家现代农业产业园。2020年，重庆农产品加工总产值达3163.14亿元。大数据智能化促进了重庆市智慧农业的发展，发生了会种地到"慧种地"的巨大转变。区块链生猪监管电子签章平台、丘陵山地无人果园管理平台、巫山脆李产地云仓电子交易中心、农产品交易智慧服务平台等智能成果给重庆农业发展贡献了重要力量。据重庆市农业农村委数据显示，截至2020年底，重庆市农业科技进步贡献率提升至60.2%。据《2020全国县域数字农业农村发展水平评价报告》显示，重庆市农业农村数字化水平达到40.3%，高于全国平均水平4.1个百分点，居西部地区第1位、全国第8位。

绿色循环低碳发展，是当今时代科技革命和产业变革的方向，是最有前途的发展领域，我国在这方面的潜力相当大，可以形成很多新的经济增长点。党的十八大以来，重庆大力推动产业绿色发展，壮大"芯屏器核网"全产业链，建设"云联数算用"要素集群，不断提速工业绿色低碳转型。例如，重庆钰居环保科技有限公司利用电厂的固体废物和蒸汽余热进行生产，能耗大大下降。再如，开州区围绕自身资源特点和产业基础，聚焦绿色、低碳、循环发展，修改完善了全区制造业高质量发展意见及四大主导产业实施意见，大力扶持电子、鞋服、食品、医药等低耗能、高科技含量产业发展，低碳工业作为重点发展产业占比逐年提高。2021年上半年，开州区累计完成规模以上工业产值173.7亿元，同比增长33.5%，比2019年上半年增长40%，两年平均增速达35%。

2.成渝地区双城经济圈

2020年，中央财经委员会第六次会议强调，要推动成渝地区双城经济圈建设，在西部形成高质量发展的重要增长极，成渝地区双城经济圈建设上升为国家战略。自2020年以来，重庆市委认真贯彻落实中央财经委员会的重要指示精神，成渝地区协调促进发展步伐明显加快，区域经济复苏显著，实现了合作共赢的局面。成渝地区双城经济圈建设现已进行两周年，现代服务业、制造业等多个领域效果凸显，信息传输、软件信息技术、租赁和商务服务业的增加值增速均在两位数以上。根据相关数据统计，2021年，成渝地区双城经济圈实现地区生产总值达73919.21亿元，占全国的比重为6.5%，占西部地区的比重为30.8%，生产总值比上年增长8.5%。第一产业实现增加值6191.25亿元，占全国的7.5%，比上年增长7.2%；第二产业实现增加值28262.42亿元，占全国的6.3%，比上年增长7.7%；第三产业实现增加值39465.54亿元，占全国的6.5%，比上年增长9.3%。

在交通方面，成渝地区双城经济圈建设推动了成渝中线高铁的建设。中央财经委员会提出推动建设成渝地区双城经济圈后不久，成渝地区中线高铁正式开工，预期在建成后成渝两地可实现350公里/时，50分钟通达，大大缩短了成都与重庆之间的时空距离。成渝地区双城经济圈建设的推进更是增大了未来交通运输需求。成渝中线高铁建成后，重庆、成都两大城市将实现1小时内通达，受益人口近3000万，这正是"发展经济的根本目的是更好保障和改善民生"内核的体现。成渝中线高铁的建成将推进成渝两地内部产业向沿线地区转移，解决成渝地区双城经济圈"中部塌陷"问题，带动成渝地区中部城市如乐至、安岳、大足等地区经济的发展。同时，成渝中线高铁与其他线路的高铁连通后，将惠及更多的人民群众。除此之外，郑万高铁重庆段、渝西高铁、涪江双江航电枢纽、川渝电网一体化等项目均取得较好进展。下一步，重庆将加快构建多种运输方式无缝衔接的综合立体交通网络，努力实现成渝地区双城经济圈基础设施、运输服务、治理体系3个"一体化"。国家发展改革委印发《成渝地区双城经济圈多层次轨道交通规划》，预计在2025年初步建成轨道上的成渝地区双城经济圈。

在教育就业方面，重庆市教育委员会同四川省教育厅于2020年10月27日共同签署了《成渝地区双城经济圈就业创业协同发展协议》，并成立了成渝地区双城经济圈高校就业创业联盟，为高校毕业生提供了更多的就业机会。同年11月，双方共同制定研发了《成渝地区双城经济圈教育协同发展行动计划》，为川渝两地教育协同发展提供了明确指引，并举办了职业教育活动和职业指导模拟大赛等多项教育就业活动。

在科技创新方面，成立川渝协同创新专项工作组，签订"1+6"合作协议，共同建设西部科学城和成渝综合性科学中心，开展关键核心技术联合攻关，成立成渝地区国家高新区联盟、川渝技术转移联盟、成渝地区大学科技园协同创新发展联盟、国际科技合作基地联盟、成渝地区双城经济圈科研院所联盟和大学科技园协同创新战略联盟等，合作共建重点实验室6个，开工重大项目40个、总投资1054.5亿元。在生态环境保护方面，共同实施长江干流生态保护修复重大工程，开展跨界河流污染专项整治和大气污染联防联控。同时，实现了川渝跨省医疗结算、公积金异地贷款的"一地办"等公共服务共建共享。2021年，重庆市区域与行业科技竞争力暨成渝地区双城经济圈协同创新指数成果发布会指出，成渝地区双城经济圈协同创新水平稳步提升，创新合作指数增长17.0%。

在推动成渝地区双城经济圈建设过程中，重庆各区县奋勇争先。在唱好"双城记"、建好"经济圈"的大背景下，南川区迅速找到了自己的"坐标定位"，提出了"成渝地区高品质生活宜居地"和"山清水秀旅游名城、大健康产业集聚区、全市特色工业基地、景城乡融合发展示范区"的发展设想。事实上，南川区也在培养发展大健康产业园区，大力发展中医药产业及生态农业，积极推动景城乡一体化发展。值得关注的是，南川区大力推进"海绵城市建设"且已制定了《南川区海绵城市修建性详细规划》。目前，南川"海绵城市"建设的重点项目——东胜片区雨污分流工程等已完工。永川区推动成渝地区双城经济圈建设落地见效。永川是成渝地区双城经济圈的枢纽节点，在成渝之间发挥着承东接西的重要作用，区位优势和政策红利为其招商引资带来了诸多红利。截至目前，永沪高速、渝昆高铁、璧山高速等局域性综合交通枢纽初步形成，引进了蜂巢发动机项目、普康医疗、星星冷链、江山欧派、自嗨锅等优质项目，拥有长城汽车、雅迪电动摩托车等百亿级企业，打造了数字经济产业集聚区，形成了粮油及稻田、茶叶、熟龙岩荔枝三条现代高效特色农业产业带等。荣昌区加快建设成为成渝腹心现代化新兴城市。不断改良发展基础交通设施，全力构建内畅外联的川渝交通体系；分别与泸州市、自贡市等签订行动计划，共涉及六大领域77项重点任务，与四川省市、县部门签订了双边、多边合作协议、备忘录等172项，涉及特色产业发展、教育医疗、文化旅游、生态环境保护等多个经济社会事业方面；通过现代技术设备发展地方特色，在行业效应上形成了"全国生猪看荣昌"，等等。

（二）文化生活丰富多彩

党的十九大报告指出，文化自信是一个国家、一个民族发展中更基本、更深层、更持久的力量。

习近平总书记强调："发展文化事业是满足人民精神文化需求、保障人民文化权益的基本途径。要坚持为人民服务、为社会主义服务的方向，坚持百花齐放、百家争鸣的方针，全面繁荣新闻出版、广播影视、文学艺术、哲学社会科学事业，着力提升公共文化服务水平，让人民享有更加充实、更为丰富、更高质量的精神文化生活。"要推进城乡公共文化服务体系一体建设，优化城乡文化资源配置，完善农村文化基础设施网络，增加农村公共文化服务总量供给，缩小城乡公共文化服务差距。

1. 文化资源丰富

"重庆之美，美在神奇自然风光，美在多彩民俗风情，美在丰富特色风物，美在厚重人文风韵，美在秀丽城乡风貌。"文化因素渗透在现代旅游活动的各个方面，文化是旅游者的出发点和归结点，是旅游景观吸引力的渊薮，是旅游业的灵魂。

文化与旅游融合发展是文化创新发展的重要途径。党的十八大

四、推动高质量发展、创造高品质生活

以来，我国发展环境面临着深刻复杂的变化，但我国仍处于重要战略机遇期，重庆文化产业发展也面临许多机遇和有利条件，"一带一路"倡议及长江经济带建设、陆海贸易新通道建设、新时代西部大开发形成新格局等的纵深推进，都为重庆的文化和旅游拓展了新空间。

　　重庆市的文化遗产资源不仅有明显的地域性特征，更是源远流长。早在旧石器时代，重庆就已经有人类活动的踪迹了。发展到商周时期，重庆已经形成了比较成熟的巴文化体系，这一群居部落演变而形成的文化一直延续到了汉朝末年。重庆境内曾发现了从新石器时代、商周、秦汉，到唐、宋、元、明、清的人类活动遗址，这意味着这片土地上的人类文明发展从未中断过。自2003年合川涞滩、石柱西沱、潼南双江三个名镇被评为首批中国历史文化名镇

石鸡坨土陶制作技艺大师刘沛良在将陶坯装窑准备烧制（杨敏 摄）

137

以来，重庆全市范围内先后有7批次共计23个名镇被列为中国历史文化名镇。此外，重庆市也拥有数量众多的历史街区，如磁器口历史文化街区、湖广会馆及东水门历史文化街区等。截至目前，重庆共有54个历史文化名镇（含国家级和市级）、11个历史文化街区。这些名镇、街区对传承重庆历史文化名城价值特征、充实重庆历史文化名城体系具有重要意义。

文化遗产是中华民族文化代代相传的历史见证，也是人类文明发展、创造与完善的最有力呈现。重庆市的文化资源灿若星河、丰富多彩，为重庆市民的文化生活提供了厚重的底蕴和坚实的基础。重庆一直努力保护好文化遗产，通过文化遗产宣扬独具地域特色的民族文化和风俗民情，借此增强民族凝聚力和向心力，在人民群众中树立起正确的思想认识和价值观念，为城市的发展和建设贡献自身的价值和力量。

重庆主城区除了丰富的历史文化资源外，还拥有工业遗产这一宝贵资源。重庆作为我国六大老工业基地之一，经历了洋务运动、民族工业、三线建设等工业发展的重要历史时期，工业遗产非常丰富，留下了许多大体量的工业建筑体，这些资源都为重庆开发都市新型文化旅游产品提供了极好的基础条件。都市文化空间的建设通过与商业街区、历史遗迹、主题博物馆，以及旧城改造项目结合发展，构建出了体量更大、更具文化旅游价值的都市综合型文旅项目或产品，推动了城市文化建设及都市文旅产业的发展。

重庆市以满足人民群众美好生活需求为目标，通过锻长板补短板，不断提升公共文化服务水平，完善文化和旅游产业链，突出了秀水山城的优势和特色，增强了优质文旅产品和服务供给，打出了"山城""三峡""温泉""乡村""人文"五张好牌，实现了"诗和远方"的完美结合,彰显了"山水之城·美丽之地"的独特风韵。

重庆市充分发挥"重庆国际文化旅游之窗"、重庆文化和旅游国际交流中心等平台作用,围绕加快建设世界知名文化旅游目的地的目标,持续加强文化和旅游行业对内对外交流合作,通过"走出去""请进来"举办了一系列精品活动,将重庆打造成为了中西部国际交往的中心,更是成为了全国最受欢迎的旅游城市之一。重庆作为一座山城,吸引了无数国内外游客前来打卡,体验重庆的一城千面,推动了重庆的经济发展。

重庆在全面建设现代化的新征程中,开创了重庆文化和旅游发展的新局面。

2022年1月25日晚,大足区香国公园的烧龙现场,夜空里栩栩如生的彩绘巨龙腾空而起,在烟火缭绕中翻滚游走(齐岚森 摄)

2. 红色文化

重庆是一块英雄的土地，有着光荣的革命传统。这块土地孕育了丰富的重庆红色文化资源，红岩精神是中国共产党人精神谱系的重要组成部分。重庆红色文化是中华民族优秀文化的重要组成部分，其中所蕴含的爱国爱党、自强不息等精神正是社会主义核心价值观的重要体现。

重庆红色文化是重庆人民的精神标识，也是引领重庆人民勠力前行的强大精神力量。从大革命时期到新时代，红色基因在重庆这片热土上薪火相传，激励着一代又一代重庆人民开拓进取，书写重庆新篇章。全面展示重庆的红色历史文化，增强了重庆的城市文化底蕴，提高了重庆文化软实力，帮助广大人民群众唤醒了红色记忆，通过感悟革命先辈的力量，坚定理想信念，补足精神之钙，

歌乐山烈士陵园，重庆市2000多名小学生和社会各界人士举行了"红岩精神照千秋，未成年人跟党走"活动（陈安全 摄）

四、推动高质量发展、创造高品质生活

重庆红岩革命纪念馆内，游客们正在认真参观和聆听解说员讲述前辈们的革命故事（钟志兵 摄）

养成浩然正气，厚植家国情怀，树立文化自信。

2021年，重庆有四条路线入选"建党百年红色旅游百条精品线路"，这四条线路展示了中国共产党在各个时期的奋斗历史，见证了重庆的发展足迹，不仅具有重要的历史文化价值，还具有一定的经济价值。

重庆各革命博物馆、纪念馆、革命旧址、烈士陵园是重庆红色文化的重要传播载体，在提升重庆红色文化中起着基础性作用。革命博物馆、纪念馆、革命旧址、烈士陵园等结合自身特色举办了一系列主题展览，激发了参观者的民族精神和爱国热情。红色文化已经融入了重庆这座城市、融入了市民的生活之中，红色文化已经成为广大市民凝聚共识、开拓进取的黏合剂，成为重庆的亮丽名片。

重庆坚守传统媒体的红色文化宣传阵地，利用《重庆日报》、重庆卫视、重庆之声等官方媒介的广泛报道，营造弘扬红色文化、传承红色基因的浓厚氛围。同时抢占新兴媒体平台的话语权，不断提升重庆红色文化在新兴媒体上的影响力。更是利用智能技术创新红色文化的传播方式，改变人们对红色文化的传统体验。将现有的VR、AR、7D等技术与红色故事相结合，做到虚拟与现实相融，打造全景互动模式，增强现实体验，还原、再现红色故事，使红色文化真正"活起来"，让参观者可以更加直观地感悟革命先辈的精神力量，获得身临其境之感。重庆红色文化宣传教育寓教于乐，实现了"高大上"与"接地气"的有机结合，突出政治性与大众化的双向互动。

3. 提档升级

一个地区的贫穷表面上看是属于经济问题，但从深层次考察，往往有着极深的文化根源，人们的经济状况与科学文化素质、价值观念、生活方式、文明开化程度紧密相关，因此"扶贫先扶志""扶贫必扶智"等扶贫方略被陆续提出。文化扶贫是脱贫攻坚过程中不可或缺的重要角色，通过教育培训等手段帮助他们开阔视野，改变贫困地区人民思想观念相对落后的状况，帮助贫困群众摆脱思想贫困，提高思想文化素养，增强文化自信，激发他们脱贫致富的信心和干劲。文化权利发展为乡村振兴、脱贫攻坚提供了优选方案，其中发展文化旅游产业是乡村振兴过程中的重要选项。

重庆市致力于深挖乡村文化资源，在传承保护好乡村文化遗产的基础上，跟随时代脉搏进行合理利用和创意开发，推动了乡村文化资源的产业化，做实了乡村旅游，创造出容量宽广、形式灵活的创业机会和就业岗位，为乡村脱贫攻坚、经济振兴提供了重要支

四、推动高质量发展、创造高品质生活

酉阳花田乡何家岩村的一家非遗工作坊内，村民忙着制作苗绣（陈碧生 摄）

撑。文旅产业的发展为乡土文化守护者、传承者、从业者和参与者以更有尊严、更可持续的方式提供了物质保障。通过文化产业的发展，挖掘贫困地区的内生动力，把"输血"变为"造血"，形成从文化到经济的良性循环。这样做也进一步吸引和激发了全社会保护、传承、发展传统文化的积极性，为乡村振兴提供了不竭的动力。

人民生活越来越富足的时候，自然就会在工作之余产生更多精神文化上的需求。重庆市一直走在深化文化体制改革的前列，不断完善构建起了把社会效益放在首位、社会效益和经济效益相统一的文化体制机制。党的十八大以来，重庆更是大力加强博物馆基础设施建设，提升博物馆公共文化服务水平，鼓励并支持非国有博物馆发展壮大。截至2021年12月31日，全市共登记备案博物馆111家，比2012年的67家增长65.67%，区县博物馆覆盖率达

143

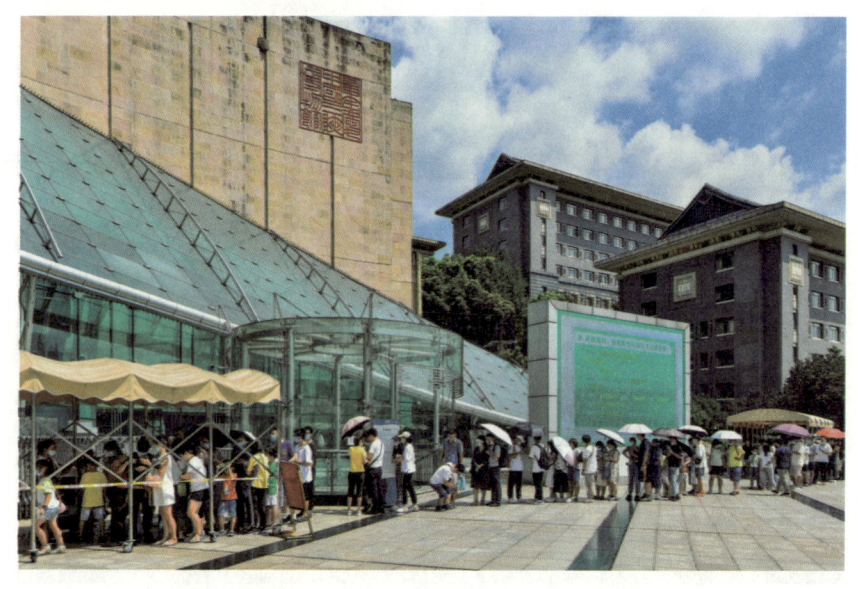

游客正在排队进入重庆中国三峡博物馆（齐岚森 摄）

89.7%。重庆市博物馆的布局不断得到优化，形成了覆盖历史、革命、抗战、工业、自然五大主题的主体多元、结构优化、层级合理的博物馆体系。

无法吸引市民走进去的博物馆是没有生命力的，重庆博物馆年均推出主题鲜明的精品展览210多个，年均开展流动博物馆巡展活动530余场次，年均接待观众人次逐年上升，达到3300万人次以上。丰富多彩的活动为文物赋予了时代的意义，让博物馆活了起来。重庆市博物馆的飞速发展，是有质量的发展，先后有4个展览荣获全国博物馆十大陈列展览精品奖，11个展览入选国家文物局"弘扬优秀传统文化、培育社会主义核心价值观"主题展览推介项目。

踏着大数据、智能化时代的浪潮，重庆数字文化云建设效果显著，为数字经济、智能社会深植了活力基因。近五年，文化旅游不断发展升级，让数字影音、动漫游戏、网络出版、在线设计等文化内容，成为了数字经济的重要支撑；在智能科技极速发展的风口，虚拟现实、在线支付、全息投影、声像识别、智能互动等科技，改造创新着文旅产业的传统业态、传统模式和传统产品，让智能重庆更有历史情怀，更有人文温度，更有生活美感。重庆不断提升文化和旅游基础设施水平，促进智慧文旅建设，推进文旅与科技融合，催生了文旅新产品、新业态，提升文旅供给质量和效率，提振了文旅消费市场。

重庆已经建成数字图书馆43个、文化馆41个，数字阅读资源总量达2027TB；建成重庆网络电视台，用户数达500余万，日均点击量超过520万；建成交互式网络电视（IPTV）集成播控平台，用户数达200余万；进行有线网络数字化双向改造，在册用户数达到688万。截至2021年底，重庆公共文化云平台访问量达9917.13万人次，注册用户达96.5万，其中"80后""90后"占54.34%。

处在经济加速发展关键时期的重庆，人民的美好生活需求也在悄然升级，尤其是精神文化生活需求呈现出从少到多、从粗到精的变化。当前，重庆市文化旅游产业的丰富业态，已经成为公共民生服务体系的强力补充，扩大了文化旅游消费，有效化解低端供给过剩、优质供给不足的结构性矛盾，有效匹配多层次、多类型的精神文化需求，让人民美好生活的蓝图上，溢满文化旅游的诗意色彩。

4.文化山城

一个城市公共文化服务体系的完善程度，不仅要看博物馆、图书馆、文化馆数量的多少，更多的是要看有多少可以深入实施的文化惠民工程，有多少可以丰富群众文化生活的活动。起始于2009

全面建成小康社会重庆变迁志

年的"红岩少年"读书活动,已连续举办了12届,2000多所中小学参与。除了坚持举办老牌文化活动,重庆文化界还不断努力创新。从2018年开始每年举办的"阅读之星"重庆市民诵读大赛至今已连续成功举办4届,市民们通过朗读热切表达着对新时代幸福生活的真切感受和对中华民族伟大复兴中国梦的美好期盼。通过各级各类丰富多彩的全民阅读活动,整个重庆都充满了"爱读书、善读书、读好书"的良好氛围,全民阅读提升了市民的文化获得感和文明素养,更是推动了书香重庆的建设。"阅读之星"活动还荣获了世界图书馆界最具权威、最有影响的非政府的专业性国际组织——国际图书馆协会联合会(IFLA)颁发的国际营销大奖,成为全球最富启发性的十大项目之一。

重庆不仅有阅读活动打造书香重庆,也有"欢悦四季·舞动山城"群众广场舞展演活动让音符在山城的上空舞动跳跃。展演活动分为"基层海选""区县选拔""片区联动""全市集中展演"四个阶段,在全市范围内采取镇街、区县、片区、市级逐级展演的方式

"永远跟党走"——2021"欢悦四季·舞动山城"重庆市广场舞(第一片区)展演在南岸区举行(齐岚森 摄)

开展，并联合市内各级电视台、网络媒体进行录制、宣传。参加队伍和人数逐年增加，2021年，全市有近4000支队伍，11.5万余名广场舞爱好者参赛。重庆市的群众文化品牌活动是真正实现了全年龄段覆盖的全民活动，除了可以满足中老年市民文化生活的广场舞活动以外，还有吸引年轻人目光的"舞动山城"国际街舞大赛。2020年由重庆市文化和旅游发展委员会与中国舞蹈家协会街舞委员会联合主办打造了"舞动山城"品牌，吸引了很多新文艺群体、新领域青年汇聚重庆，不仅为市民提供更丰富多彩的精神文化生活，更进一步提升了重庆城市的影响力和美誉度。

四川美术学院享誉全国，培养了一大批德艺双馨的艺术家。雏形为1987年诞生的重庆市农村摄影联展和重庆市三峡艺术摄影作品联展，历经30多年的发展，已经成为重点群众文化品牌活动。

重庆川剧资源丰富且文化底蕴深厚，是川剧的重要发祥地和繁盛地。重庆地理位置独特，历来属于交通要道，云集四方客商，重庆的川剧不仅因此而兴旺，更借此地利人和之妙，吸收了各个剧种和流派的风格，具有班社众多、名家云集、表演风格多样、剧目繁多等特点，且在重庆形成了"下川东派"，这一流派在川剧四大流派中独具特色。"重庆市戏剧曲艺大赛"现已成功举办7届，成为戏剧曲艺品牌赛事活动，推出了一大批新人新戏，推动了全市戏剧曲艺的良性发展，推动了群文赛事与群众文化需求有效对接，丰富了广大市民群众的文化生活。近年来，重庆旅游业成绩斐然，且国际交流日益频繁。在来中国游玩的外国游客中，约1/3的游客对游览我国的风景名胜有较大兴趣，约2/3的游客更多是为了了解我国的民风民俗。川剧旅游资源的充分开发，对丰富重庆旅游文化内涵、推动川剧传承创新意义重大，将成为重庆全面融入"一带一

九龙坡区西彭园区实验学校，川剧院国家一级表演艺术家丰四海带来的川剧变脸和吐火赢得孩子们阵阵惊呼和掌声（崔力 摄）

路"，建设内陆开放高地的有力抓手。

作为展示群众文化建设成果、市民文化风采的平台，2012年开始已经举办了6届的重庆市社区文化节，不断演绎社区文艺精品，倡导社区和谐生活，集中展现着"巴渝风情、文艺风格、草根风采"。形成了立足社区、延续城市文脉、承接历史传承、传播地区文化、对接时代要求的群众文化品牌，大大激发了群众参与文艺创作、投身全民艺术普及的内生动力。享受文化生活不仅仅是城市居民的特权，文化也应当走进乡村田野。重庆市乡村艺术节是每两年一届，至今已连续举办了9届。村民们以在社会主义新农村建设过程中身边发生的真实故事为题材进行创作，作品具有浓郁的乡土气息和鲜明的时代特征。作品描绘了重庆乡村的美好画卷，流露着村民们的真情实感，在丰富群众文化生活的同时，不仅展示了重庆社会

四、推动高质量发展、创造高品质生活

2021年12月22日,以"感恩新时代·迈向新征程——我们的小康生活"为主题的"村晚"活动,在时代楷模毛相林所在的下庄村欢乐上演（王忠虎 摄）

主义新农村发展的新气象、新变化和新成果,更表达出了新时代乡村振兴背景下农村的文化自信,也促进了乡村文化阵地、文化队伍的发展。

随着成渝地区双城经济圈的建设不断深化落实,实现经济圈内文旅公共服务共建共享也是十分重要的一步。"川渝乐翻天"活动为两地老百姓提供了很多高质量的精神文化产品,促进了两地群众性戏剧曲艺的繁荣发展。展演节目汇聚了川渝地区的曲艺名家、幽默明星、喜剧达人、草根笑匠,节目内容寓教于乐,宣传了核心价值观,让观众在欢笑中受到了启迪。

（三）社会保障惠及全民

党的十八大以来，重庆市采取多项措施，按照兜底线、织密网、建机制的要求，积极统筹城乡社会救助体系，建立全国统一的社会保险公共服务平台，加大优抚安置和失业就业保障力度，全面推进建成覆盖全民、城乡统筹、权责清晰、保障适度、可持续的多层次社会保障体系。

1.解决就业难题

就业是民生之本。重庆市采取多种措施保障尊重劳动者的就业意愿，保障劳动者的基本权利，比如降低门槛鼓励创业就业、技能培训促进就业。很多人因此受益，通过辛勤劳动创造幸福生活，实现自身发展。

（1）帮扶"一生一困"

重庆市聚焦就业"一生一困"民生实事，全力做好高校毕业生和困难群众就业工作。作为"一生一困"的受益者，重庆理工大学的毕业生胡心雨感叹："最开心的不仅是自己的团队'活了'，也更为别人提供一份职业。"

胡心雨在校期间便已走上了创业的道路——她与六位伙伴一起创建起"牧童游平台"，为民宿、山庄、农场等经营者提供一站式数字化经营解决方案。

巴南区人力社保部门在得知他们正在打造"牧童游平台"后，也主动为其开展创业指导，并提供免费创业工位。

"我们目前就在巴南区先进技术创新中心开展工作。"胡心雨介绍。中心不仅给他们免了租金，让大家都能使用到免费的工位，而

四、推动高质量发展、创造高品质生活

且还积极帮助对接政府相关部门，方便他们及时了解最新的政策。

"人社部门的帮助，让我们觉得一下子拥有了资源、交流以及合作三大平台。"胡心雨说。通过参加各种各样的创业比赛，他们有机会接触到更多优秀的项目，并通过互相交流、思想碰撞，最终促成了合作。

如今，"牧童游平台"团队有30多人，在重庆市乡村旅游商户数量上居第1位，斩获了40多项创新创业类荣誉，收获40多项自主知识产权，自研互联网产品8项。

同时，他们在多个贫困村开办创业富民培训班，助力1148个扶贫项目增收300多万元，带动贫困户就业2000多人。

为解决就业问题，源头上，重庆实施减负稳岗、财税纾困、金融支持、以工代训等，切实减轻企业负担，帮助中小微企业、个体工商户等更好发展，千方百计稳住市场主体，保住就业岗位。

重庆市对招用高校毕业生和困难人员的企业，按其实际为招用人员缴纳的社保费给予全额补贴。对招用符合条件的高校毕业生和困难人员且为其缴纳社保费超过一年的企业，再给予最高6000元/人的一次性岗位补贴。为帮助高校毕业生和困难人员顺利就业，重庆市对困难家庭学生离校前给予求职补贴，离校后若未就业再给予一定的补贴。对低保家庭人员实现就业的，按其就业人员核减低保金总额给予等额补助。

重庆市对"一生一困"人员提供精准岗位。对未就业的开展上门走访，掌握其就业创业意愿、技术技能水平、培训提升需求等，建立就业帮扶台账，制定"一人一策"帮扶方案。此外，做到线上招聘天天有、线下招聘周周有，持续提供就业机会。

就近就地开发一批基层协管、助残服务、护林护水、河库巡

管、环境整治等公益性岗位，对难以通过市场渠道实现就业的人员进行托底安置，兜住兜牢民生底线。

（2）家门口就业

习近平总书记指出，就业是巩固脱贫攻坚成果的基本措施。要积极发展乡村产业，方便群众在家门口就业，让群众既有收入，又能兼顾家庭，把孩子教育培养好。这也道出了千家万户的心声——致富有项目，增收有门路，家门口就业带来稳稳的幸福，也为小康生活铺上暖心底色。

例如，为了能让老百姓在家门口就业，江津区举行了"送岗进院坝"的活动，通过"群众不出镇、岗位送下乡、政策送上门"方式，帮助求职者实现在家乡就业。九龙坡区打破传统就业创业方式，探索家门口就业创业新模式，着力打造"创业苗圃""创业大市场"。黔江区金溪镇的扶贫车间，让贫困群众就地就业。

黔江区金溪镇的扶贫车间（杨敏 摄）

四、推动高质量发展、创造高品质生活

杨露,一个从代驾创业转型的熟食店老板便是家门口就业创业新模式的受益者。"以前做代驾的时候收入很不稳定,妻子要照顾两个小孩没有参加工作,家庭生活负担很重。"杨露表示,"想创业,但是资金少,也没有明确目标,一度挺迷茫的。"在九龙坡区人力社保局和镇街工作人员的帮助下,杨露入驻创业大市场的商铺,并办理完成工商营业执照,走上了创业之路。

通过家门口就业创业实现致富的人还有许多,杨露并不是幸运的个例,而是众多受益者中的一个。在西彭镇新民村五社,50多岁的孙德学也实现了家门口就业,于临近的合作社从事蔬菜种植工作。

(3) 高质量就业

为实现高质量就业,近年来,荣昌不断优化创业环境,在用地、融资、人才等方面出台更多支持创新创业的优惠政策,充分发挥创业带动就业"倍增效应"。除积极落实创业担保贷款政策,全面助力稳就业、促发展外,荣昌还结合"陶、猪、布、扇"四张名片创建农民工返乡创业园3个,组建了创业导师团队指导创业就业,积极利用新媒体、新零售、新兴销售平台等打造"云创业园",为入园企业赋能。

2021年,荣昌深入推进大众创业、万众创新,举办川南渝西"最美创业者"评选活动和"荣昌陶"杯川渝青年创新创业大赛,评选出一批有理想、有思路、有前景、能带动的优秀企业家代表,为带动就业打下了坚实的基础。1月至9月,荣昌已为447人发放创业担保贷款8341万元,极大地缓解了创业者的融资问题(其中,为279名农村自主创业农民发放创业担保贷款5238万元),返乡创业园入驻企业上百家,实现创业带动就业2000余人。

2021年10月25日，重庆市人力社保局主办首期"乡村创业领雁训练营"，来自酉阳花田乡的陈国桃表示："本次活动就像火种在我们心里点燃，让我们对乡村振兴更有信心，更有责任感和使命感。"

2. 撑起"社保伞"

2021年6月25日，重庆两江新区康庄美地街道举办了"三进三送"活动启动仪式，活动主题是"走心为民心，社保暖巴渝"。社保之歌《一生的守护》在启动仪式上发布，"一颗初心如暖阳，洒向四方，一片赤诚像大海，无垠徜徉"。动人的旋律伴着悠扬的歌声，让人听来心情激荡。

重庆的6月炽热非常，在室外待久了，衣服粘在身上更是难受得紧，这样的天气，多待一秒都是煎熬。即便这样，社保工作者依旧穿梭在田间地头、街头巷尾，开展落地活动470余场，辐射参保群众超百万人次。他们面对面服务群众，不厌其烦地讲解政策。所有的便捷都是这一个又一个微不足道甚至渺小的面对面服务汇聚而来的。他们都是社保服务中一颗颗小小的螺丝钉，用最朴实的言语和最清晰明了的行动使个人真正享受到了社保服务的实惠。

工作人员驻扎在乡村，针对村民普遍关注的居民基本养老保险问题进行细致的讲解，热点政策宣传资料送下乡、送到户，把手机APP、微信公众号等功能应用手把手教会，把政策面对面讲懂。

社区里，工作人员围绕参保缴费怎么办、退休手续如何办理、退休待遇如何计算、常见的欺诈骗保行为等群众关心的热点问题进行详细解读；而对企业则主要围绕社保网上经办如何操作、工伤保险如何缴费、职工发生工伤后如何办理以及社保服务惠民政策、便民措施等进行宣讲。

一句"太谢谢",胜过千言万语;一种"被需要",便是甘之如饴。这样的感受在社保扶贫工作中尤为强烈,市社会保险局组建社保扶贫工作专班,躬身大地,俯拾芬芳,聚焦老百姓"急难愁盼"问题,全市全面实现建档立卡贫困人员应保尽保、待遇应发尽发、代缴应缴尽缴三个100%。截至2020年,重庆市城乡养老保险参保人数超过2300万人,城乡养老保险参保率持续稳定在95%以上。

从高收入群体到中低收入群体,新的群体、新的血液不断纳入到社会保障范围。自2015年全市启动全民参保登记工作以来,于2016年比国家要求提前一年完成全市初次登记工作,并通过动态管理、源头管理和精确管理,加快推进社保从制度全覆盖走向法定人员全覆盖。

缕缕暖阳在重庆大地上倾洒,"社保伞"与参保群众、参保企业共经风雨,撑起晴空万里。为了实时给参保人员挡风遮雨,市社会保险局强力推进同舟计划,开发运用按项目参保信息系统,实施动态化实名制管理,全面推进建筑业从业人员工伤保险全覆盖,切实维护职工合法权益。

3. 织密"保障网"

近年来,重庆市不断健全完善相关社会保障制度,营造良好的社会关爱氛围,着力保障特殊群体基本需求,使得基本民生保障更加有力,养老服务水平显著提升。

社会救助是扶危济困、救急救难的兜底性制度安排,是做好"六稳"工作、落实"六保"任务的重要内容。近年来,民政部门着力加强农村最低生活保障制度与扶贫开发政策有效衔接,夯实筑

全面建成小康社会重庆变迁志

牢基本民生保障底线，稳步提升基本民生保障水平，全面经受了来自新冠肺炎疫情、暴雨洪涝灾害的严峻挑战，百余万名困难群众基本生活得到有效保障。

近年来，重庆市城乡低保标准分别从每人每月460元、300元提高到620元、496元，分别增长34.78%、65.33%；特困人员供养标准从每人每月600元提高到806元，增长34.33%。全市累计支出各类救助资金300.55亿元，将26.13万名扶贫对象纳入低保、特困人员兜底保障，脱贫攻坚兜底保障任务如期完成。

2020年1月，家住大渡口区建胜镇四民村的居民秦春燕一家顺利领取低保金1940元。秦春燕的丈夫身患结肠癌，花费医疗费用数万元，两个儿子均未成年。她既要照顾身患重病的丈夫，又要兼顾两个孩子的学习生活。新冠肺炎疫情暴发带来的不便，使这个家庭雪上加霜。大渡口区建胜镇组织的疫情期间拉网式走访入户排查中，了解到秦春燕家庭的困难情况，立即向该家庭发放临时救助金，帮助其解决临时性生活困难，随后又主动帮助其申请了最低生活保障。通过家庭经济状况核查，秦春燕家庭符合最低生活保障条件，按照紧急程序迅速纳入低保保障范围。

秦春燕家庭获得低保保障，是民政部门主动作为、及时发现并救助困难群众的一个缩影。

疫情以来，市民政局及时下发通知，要求各区县建立健全主动发现机制，全面开展困难群众拉网式排查，及时将基本生活出现困难的城乡居民纳入救助范围；同时，进一步优化简化社会救助审核确认程序，疫情期间新申请低保审核确认时限不得超过7个工作日。新冠肺炎疫情暴发后，全市新审批低保对象8.27万人、特困供养人员0.75万人；临时救助10.83万人次、支出临时救助2.72亿元；

向22万余名困难群众发放口罩36万个、消毒液2万瓶。

在关爱儿童方面，重庆市集中供养、散居孤儿基本生活保障标准分别从2016年的1000元/月、600元/月提高到2021年的1477元/月、1277元/月，分别增长47.7%、112.8%；建立事实无人抚养儿童基本生活保障制度，2021年的标准为1225元/月。保障孤儿、事实无人抚养儿童基本生活累计支付3.5亿余元。实施孤残儿童手术康复"明天计划"和"福彩圆梦·孤儿助学"工程，累计支持近1000万元。

"十三五"期间，累计发放残疾人"两项补贴"约16亿元。

4.高速办社保

2021年9月29日上午10点，重庆市社会保险服务系统3.0正式上线。自社会保险服务系统3.0建设工作正式启动到如今正式上线也不过两年的光景，这两年里，重庆市社会保险局关于社保服务系统改革升级的"战斗"从未有一刻懈怠过。

2021年的中秋夜，距离新系统上线仅剩一周的时间，重庆市社会保险局公共信息处照旧灯火通明，键盘鼠标的敲击声彻夜不绝。社保服务系统极为复杂，涉及114个大项、若干个小项，两年的时间实现从"0到1"的突破不可谓不难行。然而，寒夜终将过去，黎明终将来临，越艰难，越求索，没有什么是轻而易举、一帆风顺的，只能在取舍与进取中抉择，勇往直前，毫不退缩是选择。

社保，关系着千万百姓的生活，为了社保服务的便捷，改革势在必得。

终于，2021年1月，工作小组联合研发公司进行了为期两周的封闭测试。4月，市社会保险局又邀请各区县社保经办人员开展了多天的仿真测试。项目缺失、分类错误、流程重复、反馈有误，工作小组不断记录仿真测试中发现的问题。在接下来的几个月里，工作人员不厌其烦地反复测试，对系统问题进行修改完善，用不屈的执着与顽强的坚韧筑起一条社保服务的便捷大道。

9月29日，社保服务系统3.0正式上线当天，以往办事大厅大排长龙的景象一去不返，取而代之的是每个窗口的秩序井然。一项业务从耗时30分钟以上缩短到不到30秒，几个业务从各个窗口分别办理到一个窗口包办，"一窗综办"使社保服务效率大幅度提升。

寒来暑往，夙兴夜寐，市社会保险局通过社保经办"高速路"、"渝快办"、"重庆人社"APP、社保网上经办平台、自助服务一体机等多种渠道为群众提供"7×24"小时移动互联服务，约

永川建立全市首个村级医保服务站（崔力 摄）

16.8万户参保单位开通网上经办服务。

不仅如此，市社会保险局还结合群众办事特点，首批推出3项高频次社保业务"打包办"，12项业务现场"即时办"，15项服务业务1小时内"快速办"。这一系列数字更迭的背后，是工作人员不舍昼夜的辛劳，永恒不灭的执着。

（四）山清水秀美丽之地

"民之所好好之，民之所恶恶之。"环境就是民生，青山就是美丽，蓝天也是幸福。发展经济是为了民生，保护生态环境同样也是为了民生，既要创造更多的物质财富和精神财富以满足人民日益增长的美好生活需要，也要提供更多优质生态产品以满足人民日益增长的优美生态环境需要。

党的十八大以来，重庆市加快生态文明制度建设，启动生态环境损害赔偿、流域横向生态保护补偿等改革，建成大气、水大数据监管平台，环境治理能力进一步提升，真正成为了"山水之城·美丽之地"。重庆的颜值更高、气质更佳，水质变好、空气质量不断改善。现在的重庆不仅有着绿色城市的美丽景观，更有山清水秀的自然风光。重庆还启动了"两岸青山·千里林带"建设、"四山"综合整治工程、工业废气浓度治理工程、土壤污染治理修复工程，更对排水系统进行了升级改造。通过一个个工程的完成，重庆的环境越来越好，无论是自然建设、居住环境的改善，还是生态文明建设，重庆都依靠山城特有的环境优势，走出了不一样的环境建设道路。整体上，重庆的目标是提升全区域生态环境质量，在城市层面，系统推进山水之城建设，加快推进"四山"保护提升、"两江四岸"治理提升、"清水绿岸"治理提升、"山城公园"体系建设、"山城步道"建设等专项工作；乡村层面，塑造山水田园乡村聚落，保护乡村聚落，修复山地"冲田"，构建农业生态系统。

1."两岸青山·千里林带"

重庆从2020年开始实施"两岸青山·千里林带"建设以来，仅仅两年时间，包括万州、云阳、奉节、巫山等在内的长江两岸28个区县，就各自营造出了独具风情的两岸美景。"两岸青山·千里林带"营造林任务超额完成，自然生态资源得到严格保护，水土流失得到有效遏制，生物多样性得到恢复发展，基本实现林相季相变化多彩、成片零星相间配置、疏密高低错落有致。重庆市"两岸青山·千里林带"建设按照"三类""四带"合理布局，分类实施，同步提升了生态和经济效益。

重庆将以实施林长制为"牛鼻子"，进一步加强生态修复，高标准建立健全山水林田湖草系统保护发展责任体系。这并不是简单地为两岸"铺绿"，而是倾力在用优质种苗让现在人们种下的树，能最终泽被生活在长江两岸的后代。

2.缙云山的变迁

立于嘉陵江畔的缙云山，林海苍茫，四季叠翠，是重庆中心城区的绿色屏障。站在缙云山马中咀的凭风看云观景台上，一年四季、每时每刻都是绝佳的风景。春天的缙云山山清水秀、鸟语花香，夏天郁郁葱葱、凉爽宜人。早上看霞光万丈，晚上又能远眺北碚城区的万家灯火。看到这样的景象，谁能想到几年前这里环境治理不佳、旅游产业凋零呢？

　　从20世纪90年代起，缙云山里建了不少酒店、农家乐，一些居民乱搭乱建，生活污水、厨余垃圾未经处理直接倾倒，环境不断恶化……缙云山的黛湖曾经也被污染问题困扰，云登酒店、金湖湾度假村、大罕宫酒店等环湖而建。这些酒店将黛湖团团围住，从黛湖取水、向黛湖排污，不仅影响了水质，还使水位下降了50厘米左右。2018年6月以来，北碚区对缙云山开展环境综合整治，拆除多年违建，实施生态搬迁，修复自然生态，谋划产业提档升级，走出了生态美、产业兴、百姓富的绿色发展新路。缙云山保护区生态环境综合整治"保护生态、保障民生"的目标基本实现。如今的黛湖清亮明净，湖面碧波荡漾，湖底绿藻参差，周围绿树成荫。"在这样的路上走一走，令人心旷神怡。"游客们对升级改造后的缙云山称赞连连。

2021年3月29日，缙云山黛湖春意盎然、湖面碧波荡漾，湖岸绿树成荫，吸引众多游客踏青赏春（秦廷富 摄）

作为重庆"四山"综合整治工程之一,缙云山的变化展现了重庆生态环境建设的突出成绩。这是重庆认真落实"共抓大保护,不搞大开发"方针的结果,重庆强化上游意识,担起上游责任,筑牢了长江上游重要生态屏障。重庆把修复长江生态环境摆在压倒性位置,划定生态保护红线2.04万平方公里,营造林640万亩,岩溶石漠化、水土流失和消落区治理取得新成效。

3.蓝天、沃野与清水

党的十八大以来,重庆环境综合治理取得积极成效。20年前,重庆钢铁化工等大量工业企业聚集城区,酸雨严重,重庆曾被世界卫生组织列为全球十大空气污染城市。如今,重庆主城区长江与嘉陵江两岸已无重工业踪迹,取而代之的是鳞次栉比的高楼和梦幻迷人的夜景。

重庆位于四川盆地的东南边缘,周围的高山让这里的风速较小,而长江以及嘉陵江又让这里的水汽来源相当充沛,空气也比较潮湿。这种地理环境使得重庆极容易产生空气污染。但是近年来,重庆人很少受到空气污染造成的困扰,这是因为重庆大力实施生态环保搬迁,淘汰落后产能。

实施燃煤电厂超低排放改造工程是推进煤炭清洁化利用、改善大气环境质量、缓解资源约束的重要举措。"十三五"以来,我市积极推进燃煤电厂超低排放改造工作,明确工作目标,制定工作任务,细化工作方案,落实年度目标,建立工作机制,强化工作调度,先后完成江津珞璜电厂、合川双槐电厂、万盛恒泰电厂、开州白鹤电力等21台共928万千瓦时机组改造。实现超低排放改造后,燃煤电厂的二氧化硫、氮氧化物和烟尘分别能实现82.5%~91.3%、

四、推动高质量发展、创造高品质生活

珞璜电厂（重庆市生态环境局 供图）

50%～75%、66.7%的污染减排量，有效改善我市区域大气环境质量。2020年、2021年，评价空气质量六项指标连续两年达到国家二级标准。

重庆全面升级了排水系统，意味着城市生态文明建设水平的不断提高。"十三五"期间，重庆持续推动排水系统建设，排水管网系统进一步完善，污水处理能力大幅提升，排放标准显著提高，出水水质稳定达标，污染物持续削减，助力水环境质量持续改善。截至2020年，重庆城市生活污水集中收集率达65%、集中处理率达96%以上，乡镇生活污水集中处理率达85%以上；全市城镇污水处理厂总数达900座，城镇污水处理总能力达554.85万立方米每日，基本满足了现有污水处理需求。

土壤修复后，土地生机无限。2021年，巴南区鹿角新城1.7万立方米的受污染土壤修复完毕，这片污染地块已经重获新生。此项

全面建成小康社会重庆变迁志

工作着力解决了受污染土壤修复再利用的生态环境安全问题，保障群众在新开发场地内居住活动身心健康；同时，为全市土壤污染治理修复工作积累了有益经验。土壤污染治理修复工程通过对受污染土壤的"清挖—分类技术处置—回填压实"，可以清除污染，恢复土壤性质，提高土壤环境质量，维护生态平衡，使场地及周边居民的生产和生活环境得到改善。

如今，走在龙溪河边，人们透过河水可以看见水中游动的鱼儿、青蛙，河岸边还有觅食的白鹭。曾经的龙溪河因工业废水、生活垃圾、农业污染物等大量排入河流，水体遭到严重破坏，污染最严重时期的水质达到了劣Ⅴ类。自重庆市全面推行河长制以来，市级各部门协同推进龙溪河污染治理，梁平、垫江、长寿建立了跨界联动机制，使曾经的臭水河变身为美丽河流。

在重庆中心城区、江津、綦江等地的江边，一群又一群红嘴白毛的鸟儿巡游飞舞、觅食嬉戏，吸引了不少市民在江边驻足观看。据专家介绍，这些鸟儿是从寒冷的西伯利亚迁徙到温暖的长江流域以南的红嘴鸥，在湖泊、江河越冬，次年2月再飞回北方繁殖。红嘴鸥迁徙到长江重庆段水域，与长江禁渔、增殖放流、建设人工鱼巢等修复长江生态环境的举措密不可分。

近几年，重庆市深入贯彻"共抓大保护，不搞大开发"方针，统筹山水林田湖草系统治理，不断筑牢长江上游重要生态屏障，打出一套"增绿+治污+禁捕"的系统治理组合拳。对长江的治理，需要上、中、下游一起发力：长江上游采取加强长江上游防护林和水源涵养林的建设，封山育林、育灌、育草，对现有森林采取保护性的经营和开发；长江中游采取严禁沿湖围垦，退耕还湖，疏浚湖泊，增强湖泊的调蓄能力，同时搞好分洪工程，营造中游防护林，

四、推动高质量发展、创造高品质生活

2020年11月2日，江津几江长江大桥下飞来成群的红嘴鸥。红嘴鸥飞临江津，表示该区长江流域生态环境保护显成效（吴刚 摄）

综合开发治理山区，保持水土，修建水利枢纽，发挥其拦洪治沙功能；长江下游则调整并优化产业结构，促进技术进步和创新，逐步淘汰和改造传统工业，大力发展高新技术产业和第三产业，加强环境保护，推广环保技术，加大环保执法力度。

2020年，长江干流重庆段水质保持为优，全市水环境质量取得42个国家考核断面水质优良比例、105个市考核断面达标比例、消除劣Ⅴ类水质断面比例、城市集中式饮用水水源地水质达标比例、消除城市建成区黑臭水体比例5个100%的成绩。

环境就是民生，青山就是美丽。良好生态环境是最公平的公共产品，是最普惠的民生福祉。对人的生存来说，"金山银山"固然重要，但"绿水青山"是人民幸福生活的重要内容，是金钱不能代替的。你挣到了钱，但空气、饮用水都不合格，哪有什么幸福可

全面建成小康社会重庆变迁志

巴南区木洞镇中坝岛,白鹭在草坪上空飞行(谢智强 摄)

言。党的十八大以来,重庆市在生态环境建设领域取得的成就有目共睹,生态环境得到了显著的提高,臭水沟和雾霾天没有了,取而代之的是碧水蓝天、百姓祥和的美好景象。

五、加强民主法治、创新社会治理

近年来,重庆深入贯彻习近平新时代中国特色社会主义思想,不断加强民主法治和平安建设,社会大局保持和谐稳定。坚持党的领导、人民当家作主、依法治国有机统一,着力推进全过程人民民主,支持人大、政协依法依章程履职,统战工作扎实有效,民族宗教工作持续加强,群团组织作用充分发挥,军政军民团结局面巩固发展。推进科学立法、严格执法、公正司法、全民守法,全面依法治市进程加快,政法队伍教育整顿成效明显,司法公信力和群众满意度不断提高。坚决打好防范化解重大风险攻坚战,深入推进扫黑除恶专项斗争,严厉打击各类违法犯罪活动,切实加强重点领域安全生产,有力应对历史罕见特大洪水灾害,2021年群众安全感达到99.34%。深化"枫桥经验"重庆实践,推进市域社会治理现代化,优化网格化管理服务,以党建为引领的基层治理效能持续提升。

今天的重庆,社会安定有序、人民安居乐业,安全发展的底线守得更牢。

（一）全过程人民民主

在全面建成小康社会进程中，中国共产党和中国政府践行以人民为中心的发展思想，以更大的力度、更实的措施发展全过程人民民主，维护社会公平正义，确保人民依法享有更加广泛、更加充分、更加真实的权利和自由。

全过程的民主，意味着要充分彰显人民当家作主要求、切实实现人民群众民主权利，民主运行要形成科学完整闭环，立足国情不断发展完善民主。

党的十八大以来，重庆市在民主法治方面落实贯彻了这一思想，始终将增进人民群众福祉作为地方立法工作的"航向标"，将实现人民美好生活向往作为立法质效的"试金石"，将拓展人民有序参与立法作为汇聚民意的"主渠道"，充分凸显了"巴渝人民好当家"，并做到"巴渝人民当好家"。

1.人民好当家

全过程人民民主，要求切实保障民众的知情权、参与权、表达权和监督权，不断健全依法决策机制，提高决策民主化水平。完善公开透明、高效便捷的诉求表达渠道，广泛汇集社情民意，依法及时就地解决公民合理诉求，保障公民有序参与公共事务管理，监督国家机关依法行使职权。

人大代表是人民群众的"代言人"，是落实全过程人民民主、保障人民当家作主民主权利的主力军。要通过人民代表大会制度，弘扬社会主义法治精神，保证人民平等参与、平等发展权利，维护社会公平正义，尊重和保障人权，实现国家各项工作法治化。做好

五、加强民主法治、创新社会治理

2020年4月3日,沙坪坝区沙坪坝街道欣阳广场,人大代表向居民宣传《代表法》(赵杰昌 摄)

人大代表选举工作,监督落实履行代表职责是关键一环。

(1) 群众"代言人"

近年来,重庆市人大常委会建立健全常委会组成人员联系基层人大代表、人大代表密切联系人民群众、闭会期间代表分片区开展活动以及加强代表建议办理工作的具体措施等制度,用高质量代表工作践行人民至上理念。

如何确保人大代表能够切实反映群众意愿,充分表达群众需求呢?重庆市人大作出了新增代表名额向基层倾斜的决定。为做好2021年的县、乡两级人大换届选举工作,市人大在2020年第一季度就展开调研。通过修改选举法实施细则以及组织业务培训等方式,助推换届选举依法有序开展。

"深入调研后形成近3万字的调研报告,全面分析和反映了本次换届选举面临的新形势和新问题，有针对性地提出了应对措施。"市人大相关人员介绍。市人大常委会根据相关法律规定，重新核算确定代表名额，并将新增的县、乡两级人大代表名额向基层群众、社区工作者倾斜，其中县级人大代表名额向由乡镇改设的街道倾斜。"这将进一步扩大公民政治参与，发挥代表密切联系群众的优势。"

在选举方式上，重庆也采取了便民措施，鼓励群众参与选举。"三句半"、快板"敲锣"进村社，城口县通过"线上+线下"打通换届选举信息传递至选民的"最后一公里"；拿出手机"扫一扫"，江津区创新方式让选民"码"上登记，提高参与积极性；宣传发动、选区主动、亲朋带动和网络互动，云阳县解决好人口流出大县选民登记率较低问题……各区县严密组织、创新方法，为广大选民行使政治权利保驾护航。

在邱少云烈士故乡，有55年党龄的87岁老人郑重投票，选出心中的"代言人"；凌晨4点，执行早飞任务的136名空乘人员和飞行人员，在出发前投下庄严一票……在本次换届选举中，2300多万名选民踊跃投票，选出6万余名人大代表，全市区县、乡人大代表选举工作依法有序、风清气正、圆满完成。

（2）"家站"全覆盖

"徐代表，二幢楼地面与一楼出入口有近3米的落差，进出必须爬坡上坎，很不方便。"九龙坡区二郎街道迎宾社区人大代表活动站开展选民接待活动时，水晶城小区的5位居民冒雨找到市人大代表徐兵反映这个问题。

原来，水晶城小区大部分业主为退休职工，年龄在70岁至90岁之间。而房屋修建时安装的电梯因年久失修，一直处于停运状

五、加强民主法治、创新社会治理

态,老人们出行十分不便。

为解决这一问题,徐兵前往小区开发商、小区物业管理公司及九龙坡区相关部门了解情况,多方奔走寻找解决办法。相关部门同意修建无障碍通道后,徐兵依然没闲下来,继续协调规划方案、筹措资金。最终,无障碍通道及时施工并投入使用。

近年来,重庆各级人大通过强化代表履职阵地建设,让"家站"("代表之家"或"代表站点")运行走上规范化、制度化、法治化轨道,筑牢人大代表密切联系人民群众的阵地,加强代表履职管理,激发代表主动作为、为民尽责的履职热情。

早在2019年7月,市人大常委会印发《关于进一步密切人大代表联系人民群众加强代表之家建设的指导意见》,明确将全市四级人大代表统一编组进入"家站",并定期组织代表开展履职活动。目前,全市建成各级"家站"10000多个,实现乡镇、街道全覆盖,各级人大代表进"家站"履职常态化,让群众"找得到人、交得了心、解得了难"。

(3) 履职"硬任务"

为促进代表良好的履行代表职责,重庆市实行代表履职量化制度。2019年7月,重庆市人大常委会出台《重庆市人民代表大会代表履职活动登记办法(试行)》,对代表履职提出具体的"341""311"量化标准:一年内,在市人民代表大会会议期间的审议发言不少于3次;闭会期间参加各项履职活动累计不少于4次;提出议案或者建议批评和意见不少于1件。一届内,参加代表履职培训不少于3次;为原选举单位和人民群众办好事实事不少于1件;向原选举单位述职不少于1次。

2021年,市人大代表、酉阳自治县偏柏乡苗坝村党支部书记张儒瑶以代表身份参加了重庆市第四中级人民法院、石柱自治县人民法院、彭水自治县人民法院联合开展的"服务保障乡村振兴战略"重点联络活动，为人民法院司法服务保障乡村振兴工作提出建议。

张儒瑶的这一履职行为被记入市人大代表履职活动登记系统。2021年以来，该系统已累计登记代表履职信息2.6万余条。市人大常委会人事代表工作委员会依托该系统，对代表履职活动情况做到了每季度一梳理、每半年一分析、每一年一通报，以此精准了解代表履职情况，科学组织代表履职活动。

分析显示，2021年度"341"达标率在94%以上，人代会出勤率高、会风会纪好。市人大代表人均进"家站"走访群众近3次，参加区县人大常委会（联系组）活动人均5次以上，搜集社情民意人均5条以上。"代表履职量化登记制度将以往代表履职这一'软指标'变成'硬任务'，能让代表明明白白履职，主动履职、主动登记的意识更强。"

(4)紧盯"后半篇"

"市公交集团提出需解决公交驾驶员如厕难问题的62个公交首末站点，已全部解决。其中，利用现有公厕引导就近如厕34个、新建公厕9个、协调联系社会单位开放厕所16个。"这则关于解决公交司机如厕难问题的消息，获得不少群众点赞。

首末站点如厕难问题，曾是重庆众多公交司机的心病。在市五届人大四次会议上，市人大代表、建设工业（集团）传动系统公司生产线长杨利提交《尽快解决公交一线驾驶员工如厕难问题的建议》。市人大将该建议确定为重点督办建议，由市人大常委会主要领导督办，采取"实地+座谈""明察+暗访"的形式，督促承办单位对中心城区存在如厕难问题的62个公交首末站，挂图作战、逐

五、加强民主法治、创新社会治理

个销号，确保代表建议落到实处。

"垫丰武高速进展情况如何？""这是百万余人民群众翘首期盼的大事，一定要想方设法解决项目的难点与堵点。"自2020年12月，垫丰武高速公路建设情况作为市人大常委会代表建议办理工作专题询问问题后，市人大常委会紧盯这"后半篇"文章，于2021年先后两次召开代表建议办理推进会，通过人大持续跟踪监督，有力推动了项目前期工作和招商工作的迅速推进。

近年来，重庆市人大常委会认真落实"内容高质量、办理高质量"，"既要重结果，也要重过程"的要求，把办好代表建议作为问政于民、问策于民、问计于民的重要途径，以及集中民智、保障民生、促进发展的大事，抓实抓好。

2.深化为民立法

民心是最大的政治。坚持人民主体地位，必须坚持法治为了人民、依靠人民、造福人民、保护人民。坚持立法工作正确政治方向，重要的着力点就是坚持以人民为中心的发展思想，以民生需求为导向，深入践行立法为民理念。

为积极落实"两不愁三保障"要求，更加注重对弱势群体和困难群众的法治帮扶，市人大及时修订《重庆市城乡居民最低生活保障条例》，理顺和规范低保申请审批程序，完善最低生活保障标准调整机制，将农村低保发放调整为按月发放，切实发挥了低保金纾难济困、雪中送炭的作用。

特别需要说到的是《重庆市老年人权益保障条例》。这部地方性法规历经四次审议，进一步健全了全市养老服务体系，增加了养老服务设施用地用房规定，建立了独生子女护理假，规范了养老机构收取保证金等事项，明确了老年人相关优先政策，通过立法较好保障了专业化、多元化的养老服务需求。

人民群众对衣、食、住、行的更高要求，需要以法治的方式来保障。市人大常委会高度重视"舌尖上的安全"，注重食品安全领域地方立法，针对小摊贩、小作坊容易衍生的食品安全风险和隐患，及时制定《重庆市食品生产加工小作坊和食品摊贩管理条例》，健全了"宽进严管""负面清单"等系列制度，较好地兼顾了保障食品安全、方便群众消费、解决城乡就业、维护市容环境、传承地方特色食品等各方面的诉求。

为做靓城市名片、促进社会和谐、提高生活品质，及时制定《重庆市文明行为促进条例》，重点对横穿马路、高空抛物、食物浪费、占用应急通道等饱受社会诟病的较为突出的不文明行为进行规制，着力把实践中广泛认同、操作性强的基本道德要求上升为地方性法规，以法治的方式推动全社会形成崇德向善的文明新风尚。

均衡公平教育是人民对美好生活向往的聚焦点之一。市人大常委会及时制定《重庆市教育督导条例》，明确各方责任，规范各方行为，防止职能部门争权诿责，为促进教育公平、推动教育事业健康发展提供了重要制度保障。在全国率先出台《重庆市家庭教育促进条例》，对推进家庭教育、传承文明家风、构建和谐家庭起到了重要的引领和推动作用。

此外，通过制定修改《重庆市劳动保障监察条例》《重庆市集体合同条例》等，为保障劳动者合法权益、构建和谐劳动关系提供了有力的法制支撑。2020年制定的《重庆市人力资源市场条例》，以促进就业创业为目标，进一步明确用人单位招用人员的禁止性规定，细化人力资源服务机构14种禁止性行为，完善劳动保障监察

五、加强民主法治、创新社会治理

简易程序，增设招工虚假广告的罚责，更加充分保障求职者、用人单位等各方面的合法权益。

2014年、2016年、2021年，根据中央决策和上位法修改，三次及时修正《重庆市人口与计划生育条例》，特别是2021年针对实施三孩生育政策，通过延长产假、完善育儿假等措施，完善生育服务管理，确保国家政策在地方"最后一公里"落实落地。

截至2021年12月，全市现行有效的地方性法规205件，其中事关民生或具有鲜明民生导向的法规有60余件，约占30%，涵盖了幼有所育、学有所教、劳有所得、病有所医、老有所养、住有所居、弱有所扶等社会民生各方面。

（二）法治护航行稳致远

全面依法治国就是要坚持依法治国、依法执政、依法行政共同推进，坚持法治国家、法治政府、法治社会一体建设，推动司法公信力不断提高、人权得到切实尊重和保障。重庆市全面落实依法治国基本方略，坚持法律面前人人平等，加快建设社会主义法治国家，不断推进科学立法、严格执法、公正司法、全民守法进程。

1. 立法有依据

党的十八大以来，习近平总书记高度重视立法工作，对科学立法作出了深入阐述，为我们做好新时代立法工作提供了根本遵循。重庆市自从有立法权以来，不断提高立法质量，深入推进科学立法、民主立法、依法立法。

1984年开始重庆市具有地方立法权,那时重庆还只是四川的一部分。1997年,重庆直辖市成立,有了效力更高的立法权。从1997年到2001年,重庆为了实现有法可依,制定了大量的地方性法规,单单1998年就有61部法规生成,但是这一时期的立法更多关注在行政管理方面。

2002年到2006年,重庆已经基本建立起了地方性的法规框架,这一时期的立法更多关注"民生问题",《重庆市职工权益条例》和《重庆市失业保险条例》等民生立法就是在这一时期产生。2007年到2012年是重庆立法质量提升期,为了提高法规的可操作性,这一时期清理了部分不适合当下发展的法规。

2012年到现在,重庆随着国家的发展进入"后立法时代",立法关注的不是数量而是质量问题,比如重庆市2013年委托西南政法大学全面清理地方性法规,这是重庆清理法规规模最大的一次。除了保障立法质量,这一时期的法规也坚持立法和人民群众关切相呼应,其中包括《重庆市家庭教育促进条例》《重庆市集体合同条例》《重庆市见义勇为人员奖励和保护条例》《重庆市老年人权益保障条例》等重要的民生立法。

重庆市同时坚持立法工作正确政治方向,坚持以人民为中心的发展思想,以民生需求为导向,深入践行立法为民理念。

2.司法有保障

公正是法治的生命线。公平正义是我们党追求的一个非常崇高的价值,全心全意为人民服务的宗旨决定了我们必须追求公平正义,保护人民权益,伸张正义。司法是维护社会公平正义的最后一道防线,公正司法事关人民切身利益,事关社会和谐稳定。努力让

五、加强民主法治、创新社会治理

人民群众在每一个司法案件中感受到公平正义，是我国司法工作的内在追求和价值目标。

重庆政法系统始终聚焦群众所急所盼所需，用法治进步保障百姓美好生活，聚焦民生关切，多角度服务新发展。

老丁夫妇有个孙子亮亮，他们一直照顾亮亮到9岁，后来，亮亮母亲白某与亮亮父亲离婚后嫁给一个德国人，为了亮亮有更好的生活环境，老丁夫妇同意亮亮母亲将亮亮带到德国学习。虽然白某承诺每年带亮亮回国探亲，但是不仅承诺没有实现，还故意阻断老丁夫妇和亮亮之间的联系。

2013年，老丁夫妇向法院起诉，经历了3次失败，法院均以此案不属于受案范围而拒绝立案。2016年，老丁请求检察机关行使监督权，向法院提出抗诉。重庆市检察官任世勇即使知道探视权是基于父母子女关系而享有的身份权，婚姻法没有明确赋予祖父母这项权利，但是将心比心，老人和孩子的关系与父母子女关系并没有太大的差别。

任世勇检察官仔细查阅法律法规，寻找类似判例和网上民意调查，组织检察官讨论，最后决定援用民法通则第七条"民事活动应当尊重社会公德，不得损害社会公共利益，破坏国家经济计划，扰乱社会经济秩序"，认为一、二审法院适用法律确有错误，该案符合起诉条件，人民法院应当受理此案件，所以提起抗诉。

2016年8月18日，重庆市高级人民法院采纳了检察院的抗诉意见，并指令相关基层人民法院立案受理老丁夫妇探视权一案。最终，老丁夫妇得以和孙子团聚。

法律是有生命的，不能机械地适用法律规定，越将法律视为有生命的，也就越接近正义，越能让大众感受到社会的公平正义。例如，父母离婚，女儿却不愿按照法院判决跟随父亲生活。

2020年，梁平区法院法官田安琴遇到一个难题：父母离婚，女儿却不愿按照法院判决跟随父亲生活。一边是父亲不惜采取过激手段强留女儿，一边是母亲起诉要求变更抚养权。

"法律判决的话很简单，但效果可能并不好。"田安琴说。法律不应该是冷冰冰的，司法工作也是做群众工作。一纸判决，或许能够给当事人正义，却不一定能解开当事人"心结"。用法治的温情化解矛盾与隔阂，经法官悉心调解，这起案件顺利解决，女孩重新回到母亲身边。

近年来，重庆法院全面落实司法责任制要求，健全公正高效的审判组织，完善独任法官、合议庭办案责任制，落实院庭长办案责任等制度机制，"让审理者裁判，由裁判者负责"。同时，贯彻落实强基导向，结合实际推出了"人民法院老马工作室"、"一庭两所"矛盾纠纷联调机制、"一街镇一法官"、"车载便民法庭"等工作模

江北区观音桥街道，马善祥在"老马工作室"接待群众（崔力 摄）

五、加强民主法治、创新社会治理

式,开启司法为民新实践。

民生关切问题的解决最能让人感知法治温度。"讲的全是孩子的事情,说的都是保护的办法。"2021年,市检察院在潼南举行了一场检察开放日活动,发布了2018年起近三年来重庆市检察机关推行未成年人刑事、民事、行政、公益诉讼检察业务统一集中办理试点情况。

三年来,全市检察机关除刑事案件外,共办理在押未成年人监管活动监督和未成年人社区矫正监督案件309件,撤销或变更监护权民事支持起诉案件116件、126人,涉及未成年人公益诉讼立案145件。通过检察公益诉讼推动对10003户侵害众多未成年人权益违法经营单位进行清理整顿,解决299个社会关注的痛点难点问题。

同时,全市检察机关持续做优做强未成年人刑事司法保护,严厉打击侵害未成年人犯罪,批捕侵害未成年人犯罪嫌疑人2082人、起诉3203人;联动各单位共为462名未成年被害人落实入学、

2018年1月10日,"莎姐"在永川红旗小学向学生讲解未成年人安全知识(陈仁川 摄)

生活、心理帮扶等多元综合救助；帮助2276名涉罪未成年人顺利回归社会。同时，市检察机关对校园及周边食药品安全开展专项监督，立案公益诉讼35件；在13个未成年人集中羁押场所和1个未成年犯管教所设立"莎姐"工作站，纠正混关混押等问题225次。

3. 执法必严格

执法必严是依法治国方针的一个重要环节，是社会主义法治建设的关键环节，它与立法、司法、守法有机统一，缺一不可。执法的最好效果就是让人心服口服，树立正确法治理念，把打击犯罪同保障人权、追求效率同实现公正、执法目的同执法形式有机统一起来，坚持以法为据、以理服人、以情感人，努力实现最佳的法律效果、政治效果、社会效果。

重庆公安机关坚持把信访工作作为了解民情、集中民智、维护民利、凝聚民心的一项重要工作，千方百计为群众排忧解难。

2017年，市公安局成立民意监测中心，在全市公安机关探索开展"信息技术+民意引领"的新型警务评议活动，真正将内部监督与社会外部监督结合起来并加以制度化。市公安局开通"96110"专用回访电话，完善工作制度，常态开展对到公安机关办理窗口业务群众、"110"报警群众、案件当事人进行全覆盖警务回访，对群众反映不满意确属有责任的事项，点对点及时督促责任单位核实整改；常态开展交通管理工作满意度、社区工作满意度、群众安全感和公安机关执法公信力等警务民意调查，动态掌握群众对公安工作的真实感受、满意度和意见建议情况。通过民意监测，更好地了解掌握群众诉求，固化纠小错、防大错工作机制，

五、加强民主法治、创新社会治理

重点解决一些基层公安机关不作为、慢作为、乱作为的问题，切实通过民意倒逼警务规范，加强队伍管理，推动公安工作，从而提升群众安全感、满意度和公安机关执法公信力。

例如，民意监测中心在调查回访时发现，重庆市巴南区居民反映夜晚有摩托车声音，噪声极大，影响道路交通安全和民众休息。民意检测中心将情况搜集后反映到辖区公安机关，相关部门进行会商研判，排查出了现象最为突出的区域和街道，立即启动了近半个月的摩托车深夜飙车噪声专项整治行动，得到巴南区群众的一致好评。

执法为民是社会主义法治的本质要求。重庆执法机关和执法人员肩负着人民的重任，担当着维护社会主义法律权威和尊严的重任。

进入21世纪，随着手机、网络等通信工具、交流平台的产生和发展，人们更愿意使用便捷的支付宝、微信等方式付款消费。但是，这些科技为民众带来巨大便捷的同时，也被大量不法犯罪分子所利用，进行诈骗，给人民群众的财产带来了巨大的损失。

重庆市公安机关因此全力开展打击治理电信网络诈骗犯罪工作。2016年8月成立重庆市反诈骗中心；2020年，全市有市级反诈中心1个，区县反诈中心41个；全市反诈中心有专业反诈民警540余人，辅助警力200余人，全市破获的本地电信诈骗案件同比上升9.54倍，破获现行案件同比上升11.67倍。

2021年，重庆市严打电信网络诈骗，打响了一场全民反诈的人民战争。1月1日，重庆市开展为期三年的全民反诈专项行动，建立全民反诈专项行动指挥部，29个市级单位、各区县职责任务明晰，还将反诈成效纳入平安建设考核，党委、政府、社会和公众都在法治的框架内团结合作，形成反诈大格局。6月，重庆市电信网络诈骗立案数量产生2017年以来的第一个拐点，之后连续5个月都同比下降。

与此同时，重庆市各个部门为了保护住群众的"钱袋子"都出台了政策。市公安局、市通信管理局联合出台《关于对涉嫌电信网络诈骗电话用户实施黑名单管理的通告》，对涉嫌电信网络诈骗的电话用户实施黑名单管理，全面升级专项行动打击治理力度；各级法院认真落实依法严惩电信网络诈骗犯罪刑事政策，严厉打击电信网络诈骗犯罪，切实维护人民群众财产安全，为社会和谐稳定、平安中国建设提供坚强有力的司法保障。

现在，重庆市各行业、各部门已经在全民反诈方面形成了强大的共识，每行每业都加强沟通，建立监督协调机制，努力形成非常高效、有力的共同反诈合力。

执法部门代表的是人民的利益，绝不能成为家族势力、黑恶势

2021年7月1日，重庆两江新区丹鹤社区，两江新区反诈中心民警正在讲述电信诈骗案例（张锦辉 摄）

力的"保护伞"。

党的十八大以来，重庆开展了多次专项行动，协调各个机构，扩大扫除范围，采取对黑恶势力"零容忍"的态度，在扫黑除恶方面取得了巨大的成效。2018年起，重庆市开展为期三年的扫黑除恶专项行动。

"在扫黑除恶专项斗争的重拳之下，黑恶势力接连覆灭，真是大快人心！"这是居民对江津区当地黑恶势力"黑家军"全部落网之后的感受。2018年10月，在"黑家军"覆灭2个月之后，巴南区法院公开宣判了一起"套路收车"黑社会性质组织案，对其主犯邓强判处有期徒刑25年。

专项行动三年来，一件件案件的成功破解，一个个"保护伞"的下台，成为了扫黑除恶专项斗争的生动脚注。从专项行动开展以来到2021年3月，重庆市攻破涉黑犯罪组织17个、黑恶势力犯罪集团和团伙251个，抓捕犯罪嫌疑人3573人，破获涉黑涉恶案件9343起，立案查处涉黑涉恶腐败和"保护伞"问题308件、409人。

扫黑除恶是一场公平正义与黑恶势力的较量，是一场激浊扬清、涤荡社会风气的斗争，也是新时代人民群众安全的最大保障！

4.守法必知法

法律是人们必须遵守的行为规范和准则。可是现实生活中，法律的权威和界限并不是每个人都清楚。比如，买卖驾照，有些人认识到这是错误，可是没有意识到已经触犯法律；一些学生替同学考试，认为是给同学帮忙，没什么大不了，但其实这是违法行为。依法治国要求全民守法的前提是全民知法，重庆市在促进全民知法中做了巨大努力。

《中华人民共和国民法典》在中国特色社会主义法律体系中具有重要地位，是一部固根本、稳预期、利长远的基础性法律，对推进全面依法治国、加快建设社会主义法治国家，对发展社会主义市场经济、巩固社会主义基本经济制度，对坚持以人民为中心的发展思想、依法维护人民权益、推动我国人权事业发展，对推进国家治理体系和治理能力现代化，都具有重大意义。

为学习好、宣传好这部法典，2020年5月28日，西南政法大学宣布成立"民法典百人宣讲团"，将深入学校、机关、社区、农村等地，常态化开展民法典普法宣讲活动。据悉，这是十三届全国人大三次会议表决通过《中华人民共和国民法典》后，全国成立的首批民法典宣讲团。宣讲团的成立，旨在发挥学校服务国家、服务社会功能，宣传好新中国第一部以法典命名的法律，积极在全社会营造尊法、学法、守法、用法的良好氛围。

2020年6月5日，西南政法大学"民法典百人宣讲团"走进武隆区后坪乡天池苗寨，这是宣讲团进行的首场院坝宣讲。宣讲团成员用丰富生动的实例为村民讲解与他们生活息息相关的法律问题，助力脱贫攻坚和新农村建设。

开讲的是西政民商法学院年轻讲师郑志峰。三十出头的他，擅长以实例讲解法律条规，讲课幽默生动。

"坐在前排的这位大爷，你叫什么名字？

"赵云。这名字好！跟三国里的一位名将名字一样，有没有人要求你改名？

"对！在不违背公序良俗原则的情况下，别人不能要求你改

五、加强民主法治、创新社会治理

名,这是你的姓名权。"

从一个人的姓名权开始,郑志峰告诉大家,民法典赋予大家很多权利,如财产权、婚姻权、继承权、知情权,"民法典就像一位慈祥的'母亲',从一个人的出生到死亡都做了周全的利益保障,保护着大家"。

目前,宣讲团已启动线上的公益宣讲,并将针对政府机关、微型企业、社区居民等不同的受众,开展不同类型的公益讲座,同时还将联合全国52个校友分会在全国进行宣讲。《重庆日报》特推出"让民法典家喻户晓"栏目,全媒体融合报道民法典的宣讲。

"为贯彻落实习近平总书记关于提高全民族法治素养的指示精神,重庆市2020年4月在全国率先出台《市民法治素养提升行动工作方案》,明确了4个方面38项具体措施。"重庆市司法局相关负责人介绍。《方案》出台后,全市各级各部门分层次分领域开展集中主题法治宣传教育4万余场次,全市1.1万余个村(社区)开展群众学法活动5万余次,联合中国建设银行重庆市分行在全市8000余个乡、镇、村打造1万余个"裕农通+金融普法"服务点,全国"八五"普法规划起草组多次专程到重庆考察调研,实施公民法治素养提升行动、实行公民终身法治教育制度等经验被吸纳为全国"八五"普法规划内容。

当前,我国正在实施全面依法治国战略,让法治成为国人共识,树立全民法治信仰,形成人们办事依法、遇事找法、解决问题用法、化解矛盾靠法的良好法治环境。做到有法必依、执法必严、违法必究,对于促进经济健康发展和社会稳定有着不可忽略的作用。这不仅需要科学立法、严格执法、公正司法,而且需要全民知法懂法,才能内化于心、外化于行,进而形成全民守法的良好局面。

推进全面依法治国，根本目的是依法保障人民权益。随着我国经济社会持续发展和人民生活水平不断提高，人民群众对民主、法治、公平、正义、安全、环境等方面的要求日益增长，要积极回应人民群众新要求、新期待，坚持问题导向、目标导向，树立辩证思维和全局观念，系统研究谋划和解决法治领域人民群众反映强烈的突出问题，不断增强人民群众获得感、幸福感、安全感，用法治保障人民安居乐业。

（三）社会治理纵深推进

社会治理在任何一个时代都是永恒的话题。我们要打造共建、共治、共享的社会治理格局。这必须加强和创新社会治理，完善党委领导、政府负责、民主协商、社会协同、公众参与、法治保障、科技支撑的社会治理体制，提高社会治理社会化、法治化、智能化、专业化水平；加强预防和化解社会矛盾机制建设，正确处理人民内部矛盾；树立安全发展理念，弘扬生命至上、安全第一的思想，健全公共安全体系，完善安全生产责任制，坚决遏制重特大安全事故，提升防灾、减灾、救灾能力；加快社会治安防控体系建设，依法打击和惩治黄、赌、毒、黑、拐、骗等违法犯罪活动，保护人民人身权、财产权、人格权；加强社会心理服务体系建设，培育自尊自信、理性平和、积极向上的社会心态；建设人人有责、人人尽责、人人享有的社会治理共同体；健全党组织领导的自治、法治、德治相结合的城乡基层治理体系；加强社区治理体系建设，推

五、加强民主法治、创新社会治理

动社会治理重心向基层下移，发挥社会组织作用，实现政府治理和社会调节、居民自治良性互动。如今，从基层调解机制到平安工程，再到以司法制度创新保护绿水青山，重庆在社会治理方面的努力成果斐然。

重庆积极培育和支持社会组织发展，拓展群众参与社会治理的渠道和平台，截至2022年5月，全市社会组织达到1.8万个，社会工作者6.6万余人。近年来，重庆市民政局社会组织管理局积极引导社会组织参与脱贫攻坚、乡村振兴、矛盾调解、慈善服务、志愿服务、疫情防控等活动，在服务中心工作、参与民生保障、促进社会和谐等方面发挥了重要作用。"十三五"期间，累计参与解决市民反映问题58万余件，化解矛盾纠纷23万余件。例如，江北区整合"社会组织+社工"资源，孵化社会组织35家，促使全区物业信访量占比从2019年的14.79%下降至2020年的4.57%。社会组织不仅是基层矛盾化解的"减压阀"，还是行业纠纷纾解的"调节器"。2018年至2020年，九龙坡区在7家商会中成立民营企业商事纠纷人民调解委员会，在劳资纠纷、合同纠纷等方面推动矛盾就地化解，引导商会和会员合法诚信经营，两年内直接化解企业间矛盾12件。

共建、共治、共享成为社会治理的鲜明特色，重庆市民的获得感、幸福感、安全感不断增强。

1.重庆市社会治理变化

一是党建引领社会治理。近年来，重庆不断提高政治站位、战略站位，切实把党的领导贯穿基层治理全过程各方面，进一步加强党的基层组织建设，确保基层治理始终沿着正确方向前进。牢固树立大抓基层、抓实基层的鲜明导向,深化"枫桥经验"重庆实践,严格落实基层治理"一把手"为第一责任人,切实提升基层党组织政治功能和组织力,将基层党组织的政治优势、组织优势转化为治理效能,基层治理体系和治理能力现代化水平不断提升,加快构建基层治理新格局。比如,为更好化解物业矛盾、推动小区治理,重庆市委组织部联合住建、政法、公安、民政等12个部门,制发了关于强化党建引领加强和改进物业管理工作的实施意见,以打造"巴渝先锋物业"为抓手,针对不同类型小区,分类实施"党建+物业托管""党建+居民共管""党建+社区自管",切实把党的全面领导落实到城市最前沿,把群众对美好生活的向往回应到家门口。到2021年,全市共解决物业服务重大事项和问题5500余个,有效推动了小区物业矛盾依法化解。

二是打造社会治理共同体。在此方面,重庆大力推广社区、社会组织、社会工作者、社区志愿者、社会慈善资源"五社联动",形成一批像"沙坪坝和顺茶馆""特钢能人坊""北碚楼院哨兵"这样的基层自治品牌。不断推动服务重心向基层下移,充分调动各方参与积极性、主动性、创造性,结成一张"共治网",把矛盾化解在萌芽状态。在2020年新冠肺炎疫情暴发,北碚区曾紧急招募了一支1219人的志愿者队伍,他们负责社区蹲守防控,被形象地称为"北碚楼院哨兵"。如今,这支志愿者队伍除了守楼护院、社区巡防之外,还广泛开展民意搜集、矛盾排查等,这支不撤的"楼院哨兵"成为北碚加强和创新社会治理的重要力量。

三是加强社会治理法治化。为精准解决群众"急难愁盼"的现实问题,让民生问题有法可依、有法必依,近年来,重庆切实加强民生立法保障,健全完善社会保障、教育文化、医疗卫生、生态环境、安全稳定等民生领域的立法，先后制定修订《重庆市全民健身条例》《重庆市人口与计划生育条例》《重庆市物业管理条例》《重庆市养老机构管理办法》《重庆市安全生产条例》等地方法规规章。"十三五"时期，法治政府建设186项任务如期完成，渝中区、永川区和南川区"最难办事科室群众评"分别入选第一批全国法治政府建设示范区、示范项目。

四是推动社会治理智能化。重庆把推进社会治理现代化与建设"智慧名城"结合起来，运用大数据智能化手段，让社会治理更聪明、更智慧、更精细。2019年，重庆创新推出"云长制"，建立起共享、共用、共连的云服务体系，各区县政府和市级各部门非涉密政务信息系统向该云平台进行迁移，加快全市内部信息系统优化整合，从而破除数据孤岛，推进业务协同，使大数据在民生服务、城市治理、政府管理等方面，实现更多智能化应用。"渝快办"政务服务平台自2018年11月上线以来，已升级至3.0版本，目前办理事项增至1875项、用户突破2100万人，为越来越多重庆人提供便捷服务。

五是提升社会治理专业化。这方面的努力成果主要体现在防灾减灾领域。近年来，重庆市不断夯实基层基础，防汛抗旱，应急处突，防灾减灾能力得到全面提升。特别是2020年百年一遇特大洪水和2021年秋汛洪峰，全市未出现一堤一坝溃塌，未出现群死群伤，未出现因灾致贫返贫，未出现因灾滋生疫情。

2. 为群众办实事

"我为群众办实事"实践活动，在全国范围已是如火如荼。重庆，同样如此。2021年4月，重庆市党史学习教育领导小组印发《重庆市"我为群众办实事"实践活动实施方案》，对全市开展"我为群众办实事"实践活动作出安排部署。重庆司法局积极开展"我为群众办实事"实践活动，了解群众需求，解决突出问题，推出了一批惠民利民的政策措施，提高广大群众的满意度和安全感。

同年5月，重庆市司法局为扎实开展"我为群众办实事"实践活动，出台了《全市司法行政系统"我为群众办实事"实践活动实施方案》，以便民、助企、惠民、促和、关爱"五大行动"为载体，力求在年内集中实施19项涉及企业和群众"急难愁盼"的民生实事。

同时，重庆市司法局还通过提档升级矛盾纠纷大调解体系，将"我为群众办实事"实践活动落在实处。市司法局相关负责人说："许多看似鸡毛蒜皮的小事，如果调处不及时或处理不好就会酿成大的社会矛盾。"为此，全市司法所和人民调解组织结合党史学习教育及政法队伍教育整顿，聚焦"急难愁盼"问题，为群众办实事解难题，以矛盾纠纷大调解体系提档升级为牵引，努力实现小事不出村（社区）、大事不出镇街、矛盾不上交。2021年以来，重庆司法局已累计受理矛盾纠纷49.31万件，调解成功48.29万件，调解成功率达97.92%。

渝北区整合全区法律服务资源，建成了覆盖全区、运行有效、惠及全民的公共法律服务体系。健全三级实体平台，包括1个区公共法律服务中心，22个镇街公共法律服务站，354个村居法律服务点。组织180余名执业律师进驻到这377个公共法律服务平台，兑现"中心律师天天见、镇街律师周周见、村居律师月月见"的服务承诺，深入基层开展法律咨询、法治宣传、纠纷调解、法律援助等公共法律服务工作，日常还利用微信群等便捷沟通方式提供法律咨询和服务。

五、加强民主法治、创新社会治理

2014年6月成立的渝北区信访工作和处置突发事件律师服务团，每个工作日派驻1名律师到区信访办接待窗口协助接待来访群众，近5年共接待来访群众886人次，提供法律咨询836件，参与重大纠纷调解50件；2016年联合区法院启动律师参与涉法涉诉信访接待工作；2018年在区法院、区公共法律服务中心、5家律师事务所设立律师调解工作室，共提供法律咨询2068件，处理涉法涉诉信访案件163件，调解诉前纠纷324件。

自"我为群众办实事"实践活动开展以来，长寿区司法系统实施了提高服务效率、优化办事流程、强化主动服务、加强跟踪督办四项举措。

据了解，为提高服务效率，长寿区法律援助中心对申请类法律援助案件，承诺"当场决定是否受理"和"3个工作日内进行指派"，使该区民事行政和刑事类案件的法律援助从受理、审查到指派全部环节，比《重庆市法律援助条例》规定的时限分别缩短了78.6%和70%。

在优化办事流程方面，长寿区公证处全面推行对法律关系简单、事实清楚、无争议的出生、生存、死亡等46项公证事项"最多跑一次"改革，并承诺对年老、残疾、危重病人等特殊群体申办公证的，实行预约或上门服务。同时，为强化主动服务，该区制作发放了2000余张公共法律服务便民联系卡和司法所便民联系卡，让人民群众最直接地感受到司法行政在身边、法律服务零距离。

此外，该区司法局还加强跟踪督办，对各项为民实事实行清单式管理，推行亮承诺、亮进度、亮结果的"三亮行动"，对实事办理推进情况和落实进度定期跟踪督办，确保成果巩固不反弹。截至2021年6月，长寿区已开展送法活动90余场，法治宣讲、法律援助政策宣传等公益法律服务20余场,公证处办结"最多跑一次"公证案件455件、提供上门服务18件。

家住长寿区海棠镇的张大爷已经90岁高龄,他的三名子女对赡养张大爷的问题产生了较严重的矛盾。长寿区法律援助中心工作人员考虑到张大爷年事已高,行动不便,主动上门为张大爷提供法律援助。当天在现场便完成了法律援助受理、审批,并指派办理赡养案件经验丰富的承办人员承办。在快速解决一直困扰老人的赡养纠纷后,张大爷握着长寿区法律援助中心工作人员的手感激地说:"谢谢你们专门跑一趟,给我提供法律援助!"

上门为张大爷提供法律援助,高效化解矛盾纠纷,只是长寿区司法系统为群众办实事的一个缩影。长寿区司法局还将继续围绕群众关心、关切的普法宣传、公共法律服务、人民调解等重点业务工作,进一步拓展服务渠道,拓宽服务领域,提高服务质量,切实为群众办实事、办好事,提高群众的满意率和安全感。

3.制度创新

这是一群在保障公民环境基本权益的征程上奋勇向前的法官们,他们用司法的手段保护山城的绿水青山,以更加专业的法治化手段强化重庆的社会治理工作。

近年来,重庆市第一中级人民法院与改革目标同向,与时代发展共振,与公众需求同频,以环境资源审判为核心抓手,殚精竭虑,为助力重庆打造山清水秀美丽之地和长江上游重要生态屏障、保障重庆人民环境领域基本权利提供有力司法保障。

2017年3月,重庆两江志愿服务发展中心向重庆市第一中级人民法院提起该院辖区首例环境民事公益诉讼。同年6月,重庆市人

五、加强民主法治、创新社会治理

民政府就同被告、同一污染事实提起全国首批、重庆市首例生态环境损害赔偿诉讼。对于如何处理诉请理由相同、诉讼目的一致、被告相同的这两起案件，法官们开始感到困惑。

由于环境民事公益诉讼与生态环境损害赔偿诉讼的诉讼程序规定、审理规则尚未完善，合议庭成员所面对的不仅是一纸诉状，更是一份考卷，关于如何衔接两案程序，理论界和实务界彼时尚未提供标准答案。

在顺利审结上述两案后，法官们有了一个大胆的想法：如果没有标准答案，何不自己创造参考答案？

2018年下半年，重庆第一中级人民法院环境资源庭着手制定关于审理生态环境损害赔偿诉讼和环境民事公益诉讼案件的规范性文件，并成立起草小组，确立了"立足审判实践，规范案件立案、审理、执行内部工作程序"的思路。起草小组梳理了相关法律、司法解释、外省规定、重庆市地方司法文件和政策文件，在此基础上，根据自身特色进行了积极探索，经反复研究，会同多部门开展论证，数易其稿，最终完成了草案。

2019年2月28日，《重庆市第一中级人民法院生态环境损害赔偿诉讼与环境民事公益诉讼案件审理规程（试行）》正式印发。《规程》在遵循民事诉讼基本原则的前提下，结合环境资源审判特色，细化审理流程，明晰了不同案件的程序衔接方式；明确了"禁止令"和修复裁判等环境司法保护手段，强调法院为保护国家与社会公共利益，有主动审查诉讼请求、调查取证、委托鉴定、移送执行的权限；明确行政机关、第三方机构、专家和群众参与审判方式，发挥司法建议、司法公开等审判职能，体现"多元共治""公众参与"的环境保护理念。

面对时代发展的迫切需求，重庆市第一中级人民法院成为了环境资源审判实践的开拓者。该院总结了近三年来的环境资源审判经验，同时对一些创设性的想法加以提炼，通过制度创新的方式规范审理工作，充分保护生态环境，维护国家利益和社会公共利益。

4.助力绿色发展

近年来，重庆市检察院不断践行"绿水青山就是金山银山"的理念，全面落实全国人大常委会关于加强生态环境保护依法推动打好污染防治攻坚战的决议，强化"上游意识"，担起"上游责任"，制定服务保障长江经济带发展、加快建设山清水秀美丽之地的"14条意见"，充分发挥检察职能，守护"山水之城·美丽之地"。

2019年，重庆检察机关深入开展保护"长江母亲河"公益诉讼专项行动，共立案生态环境公益诉讼1588件，同比上升35.4%，提出诉前检察建议1363件，提起公益诉讼52件。

2020年3月26日，重庆市第五届人民代表大会常务委员会第十六次会议表决通过了关于批准设立重庆市两江地区人民检察院的决定。作为重庆市检察院的派出机构，该院负责办理长江流域重庆境内发生的跨区域和不适宜地方检察机关管辖的生态环境和资源保护领域行政公益诉讼案件。

同年4月，长寿区境内发生特大跨区域向长江干流非法倾倒危险废物污染环境案。两江地区检察院受重庆市检察院指定对此立案调查发现，大足区某企业多次向长江干流（长寿段）非法倾倒轮胎炼油裂解残渣及废液共30余吨，大足区有关部门履职不到位，未发现并及时查处涉案企业违法行为。该院于6月向其发出诉前检察

五、加强民主法治、创新社会治理

建议，有效推动加强危险废物监管。

同年6月5日，世界环境日。一份检察建议书从重庆市渝中区虎踞路82号出发，送达大足区相关部门。这是在渝诞生的全国首个生态环境检察专门机构——重庆市两江地区人民检察院办理的全市跨区域行政公益诉讼第一案，发出的相关领域的第一份检察建议书。

两江地区检察院承担着跨区划检察改革和铁路运输检察院转型的双重使命，可谓是检察公益诉讼改革的一块"试验田"。重庆市检察院为其定下一个"小目标"——打造"生态环保检察名片"，进而形成具有全国影响力的"生态环境公益诉讼名牌"。

两江地区检察院始终坚持市检察院党组提出的"高站位谋划、高标准建设、高质量办案、高效率协作"的"四高"标准，迄今已立案16件，发出检察建议8件，短期内即实现良好开局，跨区域专门管辖机制优势不断突显。

加强和创新基层社会治理，关乎党长期执政、国家长治久安和广大人民群众的切身利益。站在"两个一百年"奋斗目标的历史交汇点上，重庆将牢记殷殷嘱托，紧紧围绕坚持和完善中国特色社会主义制度、推进国家治理体系和治理能力现代化的总目标，牢牢把握坚持和完善共建、共治、共享的社会治理制度的总要求，全力以赴防风险、促安全、护稳定，为推动高质量发展、创造高品质生活营造良好环境。

参考文献

1. 《江津县志·卞鼐事略》。
2. 《宋史》卷一百八十六"食货志"。
3. 《太平寰宇记》卷一百三十六"渝州"。
4. 《辛亥革命回忆录》第3册，中华书局1962年版。
5. 陈晋：《新中国极简史》，中国青年出版社2021年版。
6. 刘琳校注本：《华阳国志》，巴蜀书社1984年版。
7. 民国《巴县志》卷4上"杂课"。
8. 民国《巴县志》卷12。
9. 乾隆《巴县志》卷3。
10. 王川平、张根发：《巴渝特色文化论》，西南师范大学出版社1998年版。
11. 俞荣根、张凤琦主编：《当代重庆简史》，重庆出版社2003年版。
12. 邹鲁：《中国国民党史稿》之"卞烈士传"。
13. 《城市经济体制综合改革试点开启重庆发展新篇章》，载《重庆日报》2021年6月23日，第4版。
14. 《奋楫扬帆奔小康——"十三五"期间重庆脱贫攻坚综述》，载《重庆日报》2021年2月7日，第1版。
15. 《关于进一步加强乡村医生队伍建设的实施意见》，中国政府网，2016年1月18日，http://wsjkw.cq.gov.cn/ztzl_242/ygzt/ygzc/ygztzqzc/201601/

t20160118_3619738.html。

16.《牢记殷殷嘱托 打造教育强市》，载《重庆日报》2019年10月1日。

17.《脱贫攻坚的巴渝壮歌》，载《重庆日报》2021年2月26日。

18.《重庆地势》，百度网，https://baike.baidu.com/item/%E9%87%8D%E5%BA%86/23586?fr=aladdin#。

19.《重医附属口腔医院预防口腔科积极开展儿童口腔疾病综合干预项目》，重庆医科大学附属口腔医院官网，2021年12月17日，http://www.cqdent.com/html/content/21/12/14873.shtml。

20.《重庆解放初期江北区卫生事业的回顾》，澎湃网，2021年9月27日，https://m.thepaper.cn/baijiahao_14693756。

21.《重庆贫困人口住院自付比例为10.13%》，东方财富网，2020年4月16日，https://baijiahao.baidu.com/s?id=1664085619313228398&wfr=spider&for=pc%。

22.《重庆全民健身事业蓬勃发展 公共体育服务质量稳步提升》，载《重庆日报》2020年8月7日。

23.《重庆市2020年度居民健康状况报告》，重庆市卫生健康委员会官网，2021年9月30日，http://wsjkw.cq.gov.cn/zwgk_242/wsjklymsxx/jkfw_266458/gzxx_266460/202109/t20210930_9779478.html。

24.《重庆市到2017年解决2606个"撤并村"看病难问题》，中国政府网，2013年9月2日，http://www.gov.cn/gzdt/2013-09/02/content_2479037.htm。

25.《重庆市卫生健康发展"十四五"规划干货一览》，重庆市卫生健康委员会官网，2022年1月28日，http://cq.cqnews.net/html/2022-01/13/content_931199409825583104.html。

26.《重庆市卫生健康委员会等4部门关于印发〈关于开展卫生人才"县聘乡用""乡聘村用"工作的指导意见〉的通知》，中国政府网，2021年12月16日，http://wsjkw.cq.gov.cn/zwgk_242/fdzdgknr/zcwj/gfxwj/xzgfxwj/

201112/t20211217_10190789.html。

27.《重庆市卫生健康委员会等7部门关于印发"关于加强公共卫生人才队伍建设的若干措施"的通知》，重庆市卫生健康委员会官网，2020年9月28日，http://wsjkw.cq.gov.cn/zwgk_242/fdzdgknr/zcwj/gfxwj/xzgfxwj/202101/t20210115_8773626.html。

28.《重庆提升公共卫生服务及突发事件医疗救治能力》，载《重庆日报》2020年3月21日。

29.《重庆脱贫攻坚大数据》，载《重庆日报》2021年4月15日。

30. 曹钰：《2025年重庆将建成100家三级医院 创建1个国家医学中心》，封面新闻，2022年3月2日，https://baijiahao.baidu.com/s?id=1726179858092990344&wfr=spider&for=pc。

31. 顾晓娟：《重庆市防治慢性病中长期规划发布 2025年人均期望寿命超过79岁》，上游新闻，2017年8月12日，https://www.cqcb.com/hot/2017-08-12/440998_pc.html。

32. 何淑明：《新农村建设背景下重庆农村医疗卫生服务现状及发展对策研究》，载《开发研究》2008年第2期。

33. 何月梅：《重庆市医疗保障局扎实推进医保扶贫助力解决贫困群众"看病难""看病贵"问题》，中国网，2020年8月31日，http://health.china.com.cn/2020-08/31/content_41274788.htm。

34. 黄河：《先进再先进 见证爱国卫生运动的一面流动红旗》，参考网，2021年9月29日，https://www.fx361.com/page/2021/0929/8909068.shtml。

35. 黄泓：《重庆农村医疗卫生服务发展现状与问题》，载《重庆工商大学学报（西部论坛）》2007年第1期。

36. 黄明会：《重庆卫生健康事业发展的百年历程》，载《中国卫生》2021年第9期。

37. 黄乔：《我市出台政策资助困难群众参加医保》，中国政府网，2017年9月11日，http://wsjkw.cq.gov.cn/zwxx/mtbd/201709/t20170911_3643532.html。

38. 李国：《重庆建立防范因病致贫返贫长效机制》，载《工人日报》2021年12月31日。

39. 李珩：《到2025年，每个区县至少建成1个三级医院》，载《重庆日报》2022年1月21日。

40. 李珩：《今年我市将为1500所村卫生室配置基本设备》，中国政府网，2016年5月24日，http://wsjkw.cq.gov.cn/zwxx/mtbd/201605/t20160524_3642806.html。

41. 李珩：《提高绿化率、增加停车位、完善便民设施，改善患者就医体验》，重庆市卫生健康委员会官网，2018年7月20日，http://wsjkw.cq.gov.cn/zwxx/mtbd/201807/t20180720_3644810.html。

42. 李珩：《重庆38个区县已实现二甲医院全覆盖 到2025年将建成70所三级医院》，光明网，2020年8月10日，https://m.gmw.cn/baijia/2020-08/10/1301442152.html。

43. 李松：《重庆"智慧医院"优化诊疗流程改善就医体验》，重庆市卫生健康委员会官网，2018年11月12日，http://wsjkw.cq.gov.cn/zwxx/mtbd/201811/t20181112_3645253.html。

44. 李松：《重庆市因病致贫户较建档立卡时减少96.6%》，中国政府网，2020年7月29日，http://www.gov.cn/xinwen/2020-07/29/content_5530997.htm。

45. 李晓璇：《蒋大春：撑起一个村的医疗蓝天》，中国农业大学官网，2012年11月12日，http://news.cau.edu.cn/art/2012/11/12/art_10887_207650.html。

46. 龙丹梅：《小山村里来了大城市医生》，载《重庆日报》2021年11月15日。

47. 牛瑞祥、李珩：《重庆已拥有800家医院22万余张床位》，澎湃新闻，2019年9月23日，https://www.thepaper.cn/newsDetail_forward_4503090。

48. 钱矛锐：《重庆市村级医疗卫生机构经营现状及对策研究》，载

199

《医院管理论坛》2012年第3期。

49. 钱也:《重庆城乡居民能免费享受这31项基本公共卫生服务》,《潇湘晨报》2021年1月31日。

50. 钱也:《重庆三甲医院增至39所,全面建成"农村30分钟、城市15分钟"医疗服务圈》,上游新闻,2020年12月29日,https://www.cqcb.com/hot/2020-12-29/3498480_pc.html。

51. 石亨:《重庆九大常见癌症风险可免费筛查!今年将筛查5万人》,腾讯网,2021年4月13日,https://new.qq.com/omn/20210413/20210413A07VZ300.html。

52. 石亨:《重庆市医疗卫生服务体系"十四五"规划发布:将建设7—10个三级妇幼保健院》,上游新闻,2022年1月26日,https://www.cqcb.com/shangyoufabu/2022-01-26/4736965_pc.html。

53. 向娇:《重庆110例居民就发现33个高危 40岁以上人群需注重脑卒中筛查》,上游新闻,2020年6月11日,https://www.cqcb.com/health/jiankangyixian/2020-06-11/2518983_pc.html。

54. 杨铌紫:《重庆市抗击新冠肺炎疫情先进事迹报告会举行》,光明网,2020年10月20日,https://m.gmw.cn/baijia/2020-10/20/1301695060.html。

55. 杨荣刚:《重庆市卫生事业五十年发展概述》,载《重庆调研》2000年第2期。

56. 赵聪聪:《重庆确保贫困人口基本医保:大病专项救治将扩大到20个病种》,央广网,2018年9月17日,http://wsjkw.cq.gov.cn/zwxx/mtbd/201809/t20180917_3645115.html。

后 记

2021年7月1日，在庆祝中国共产党成立100周年大会上，中共中央总书记、国家主席、中央军委主席习近平庄严宣告，"经过全党全国各族人民持续奋斗，我们实现了第一个百年奋斗目标，在中华大地上全面建成小康社会"。全面建成小康社会是中国共产党向全国人民交出的一份彪炳史册的答卷，彰显了中国共产党的宗旨，诠释了中国共产党人的初心和使命。全面建成小康社会也是中国为全人类作出的独特贡献，创造了减贫治理的中国样本，谱写了反贫困历史新篇章。为了全面记录这一具有重要历史意义、现实意义和世界意义的重大工程，由中宣部策划统筹，人民出版社联合全国32家地方人民出版社共同出版《纪录小康工程》丛书。

根据中宣部的部署安排，《"纪录小康工程"丛书重庆卷》（简称"重庆卷"）的编写出版工作由中共重庆市委宣传部牵头组织实施。市领导张鸣同志、姜辉同志高度重视，亲自审定出版方案和大纲。市委宣传部常务副部长曹清尧主抓具体工作，多次主持召开项目推进会议，组织审定书稿。市委宣传部副部长马岱良、曾维伦、马然希对丛书的规划、编撰、出版工作分别进行了深入指导，并参与书稿的审定工作，提出了宝贵修改意见。

"重庆卷"包含《全面建成小康社会重庆全景录》《全面建成小康社会重庆大事记》《全面建成小康社会重庆变迁志》《全面建成小康社会重庆奋斗者》《全面建成小康社会重庆影像记》五个分卷，全面记述了中华人民共和国成立以来，党和国家对重庆发展的关心支持，展示全市人民奋力建设重庆，在巴渝大地上全面建成小康社会的光辉履迹。中共重庆市委宣传部新闻处、出版处和宣教处对丛

全面建成小康社会重庆变迁志

书的编写工作进行了全面协调、指导。同时，重庆市政府研究室、中共重庆市委党史研究室、中共重庆市委政法委员会、重庆市发展和改革委员会、重庆市教育委员会、重庆市科学技术局、重庆市经济和信息化委员会、重庆市民政局、重庆市司法局、重庆市公安局、重庆市人力资源和社会保障局、重庆市生态环境局、重庆市住房和城乡建设委员会、重庆市农业农村委员会、重庆市商务委员会、重庆市文化和旅游发展委员会、重庆市卫生健康委员会、重庆市体育局、重庆市统计局、重庆市乡村振兴局、重庆市大数据应用发展管理局、重庆市人民政府口岸和物流办公室、重庆市社会科学院等单位为丛书的编写提供了大量基础编写素材，对稿件进行了审读和把关，为丛书的顺利付梓作出了重要贡献。

《全面建成小康社会重庆变迁志》以习近平新时代中国特色社会主义思想为指导，记录了1949年至2021年重庆市全面建成小康社会取得的伟大成就。本书的编写得到了中共重庆市委宣传部的高度重视，全市相关单位部门的大力支持。西南政法大学党委为编写组提供了充分保障。西南政法大学党委书记樊伟、校长付子堂给予充分指导，人权研究院张永和教授担任编写顾问，行政法学院朱颖教授负责全书编写。孟庆涛、赵树坤、朱元庆、胡雅彬、尚海明、周力、郑若瀚、肖武、张祺乐、李娟、刘秋岑、李文军、何为等同志为本书的修订贡献了自己的智慧。重庆出版集团为本书出版提供了有力支持。本书图片由视觉重庆和相关单位提供。在此，一并致谢！各章编撰分工如下：第一章为林静、万红；第二章为刘丹丹、丁宁；第三章为黄博威、董伟航、许梦雪；第四章为贾文华、吴佳奇、程思雨、周若琪；第五章为董伟航、朱东香、熊思睿。

本书所涉及内容时间跨度大、范围广，加之水平有限，书中难免有错漏之处，敬请广大读者批评指正！

本书编写组

2022年6月